Entrepreneuriat féminin et développement au Bénin

Collection « Études africaines »

dirigée par Denis Pryen et son équipe

Forte de plus de mille titres publiés à ce jour, la collection « Études africaines » fait peau neuve. Elle présentera toujours les essais généraux qui ont fait son succès, mais se déclinera désormais également par séries thématiques : droit, économie, politique, sociologie, etc.

Dernières parutions

Issa DIALLO, *Paludisme et gratuité des soins au Mali*, 2019.
Marie Rose BANGOURA, *Gestion des déchets solides ménagers et ségrégation socio-spatiale dans la ville de Conakry*, 2019.
Ayrton AUBRY, *Le G5 Sahel, Le Nouveau Régionalisme Sécuritaire en Afrique du Nord-Ouest*, 2019.
Jules Maps BAGALWA MAPATANO (dir.), *La décentralisation en Afrique au début du XXIe siècle, Réflexions à partir de l'expérience congolaise récente*, 2019.
Pascasie MINANI PASSY, *Burundi : Les relations interethniques et intra-ethniques. Et la réconciliation ?*, 2019.
Yaovi AKAKPO, *Le technocolonialisme, Agir sous une tension essentielle*, 2019.
Célestin TAGOU, *Démocratie rotative et élections présidentielles en Afrique, Transcendance et transformation politique des conflits ethnopolitiques dans les sociétés plurielles*, 2018.
BWANGA WA MBENGA NYOLI BOKO, *La philosophie du langage d'Alexis Kagame, Contribution à la problématique sur la philosophie africaine, Nouvelle édition revue et augmentée*, 2018.
Kallet Abréam VAHOUA, *Éléments de morphologie verbale du bété*, 2018.
Robert NDAMOBISSI, *La malnutrition des enfants dans les pays du Sahel et de la corne de l'Afrique*, 2018.

Yvette ONIBON DOUBOGAN

Entrepreneuriat féminin et développement au Bénin

Préface du Professeur John Igué

L'Harmattan

COMITÉ DE LECTURE

5-7, rue de l'École-Polytechnique, 75005 Paris
http://www.editions-harmattan.fr
ISBN : 978-2-343-16057-3
EAN : 9782343160573

Yvette ONIBON DOUBOGAN

Entrepreneuriat féminin et développement au Bénin

Préface du Professeur John Igué

L'Harmattan

COMITÉ DE LECTURE

5-7, rue de l'École-Polytechnique, 75005 Paris
http://www.editions-harmattan.fr
ISBN : 978-2-343-16057-3
EAN : 9782343160573

A ma grand-mère maternelle, Tinuadé Assounlé Edon, qui très tôt m'a mise sur le chemin de l'autonomisation de la femme. Merci de m'avoir servi d'exemple.

SOMMAIRE

LISTE DES SIGLES ET ACRONYMES

AFD : Agence Française de Développement

ANPEEJ : Agence Nationale de Promotion de l'Entreprise et de l'Emploi des Jeunes

BAD : Banque Africaine de Développement

CCIB : Chambre de Commerce et d'Industrie du Bénin

CERADIS : Centre de Réflexions et d'Actions pour le Développement Intégré et la Solidarité

CNUCED : Conférence des Nations Unies pour le Commerce et le Développement

EMICoV : Enquête Modulaire Intégrée des Conditions de Vie des ménages

FNM : Fonds National de la Microfinance

FNPEEJ : Fonds National de promotion de l'Entreprise et l'Emploi des Jeunes

FNUAP : Fonds des Nations Unies pour la Population

GUFE : Guichet Unique de Formalisation des Entreprises

INSAE : Institut National de la Statistique Appliquée et de l'Analyse Économique

LEED : Développement Économique et Création Locale d'Emplois

MIO : Modèle Intégré d'Organisation

OCDE : Organisation de Coopération et de Développement Économiques

OIT : Organisation Internationale du Travail

PAEI : Programme d'Appui à l'Emploi Indépendant

PME : Petites et Moyennes Entreprises

PFID : Plateforme pour la Participation des Femmes dans les Instances de Décision

PIB : Produit Intérieur Brut

PMME : Petites, Moyennes et Micro-Entreprises

PNPG : Politique Nationale de Promotion du Genre

PNUD : Programmes des Nations Unies pour le Développement

RGE2 : Recensement Général des Entreprises

SA : Société Anonyme

SARL : Société à Responsabilité Limitée

SRP : Stratégies de Réduction de la Pauvreté

SFD : Systèmes Financiers Décentralisés

USAID : United States Agency for International Development

WBPC : Women Business Promotion Center

YOD : Yara Obirin Didé

AVANT-PROPOS

En arrivant en Afrique pour la première fois, jeune coopérant suisse épris d'ailleurs et d'aventure, ma tête fourmillait d'idées préconçues sur ce continent. Je le savais beau comme sur les cartes postales de savanes arborées d'animaux sauvages et exotiques mais aussi, devant affronter les épidémies, la famine et les guerres qui le décimaient. J'étais convaincu, en arrivant, de l'immensité de la tâche à accomplir pour tenter de combler un minimum les besoins essentiels des populations, mais qu'elle ne fut pas ma surprise de constater que malgré les idées reçues dans les pays développés, l'Afrique était bel et bien partie, mal ou bien, elle est sur le chemin de sa propre évolution. Ce continent regorge de potentialités latentes qui ne demandent qu'à éclore ou à se déployer. Cette certitude, je l'ai gardée au plus profond de moi-même à tous mes postes d'affectation sur le continent, du Niger au Mali en passant par le Burkina Faso et le Bénin. C'est à ce dernier poste (Bénin), en ma qualité de directeur de la Coopération suisse, que cette certitude sur la capacité des Africains et surtout des Africaines à impulser le développement a servi de fondement pour la conception de nos processus de coopération pour le développement. C'est donc de cette évidence que rapidement, j'ai osé, par expérience, remettre en question un autre mythe sur l'Afrique : « Celui de la femme africaine, soumise, ménagère, ne menant aucune activité à part celle de la reproduction ». C'est à ces postes que j'ai pris conscience de l'importance du rôle que jouent les femmes, dans le maintien de l'équilibre et de la cohésion sociale et en particulier au Bénin où j'ai assumé pendant 3 ans la présidence des donateurs sur le secteur « genre ». En effet, même s'il n'est pas acté, pour nous, esprits cartésiens amateurs de chiffres et de faits prouvés, il est de notoriété publique que la femme béninoise intervient dans tous les secteurs de l'activité économique de ce pays. Et si des doutes subsistent, point n'est besoin d'aller loin ou d'initier une étude, sur le fait, il suffit d'un petit tour au marché Dantokpa (un des plus grands marchés de la sous-région) pour vous convaincre du poids et de la puissance économique et financière des femmes béninoises. Ce pouvoir, longtemps bridé par la construction sociale des relations entre les femmes et les hommes, n'a pas empêché les femmes béninoises à porter à bout de bras l'économie nationale de la fin des années 80 jusqu'à la mise en place du renouveau démocratique. Grâce à ces femmes, je suis en mesure de clamer haut et fort, partout où je vais, que les femmes africaines, et les Béninoises en particulier, sont des femmes battantes, des conquérantes qui n'ont rien à envier à leurs sœurs occidentales et qui, au contraire, ont tout à leur apprendre, du fait de leur réussite dans un environnement hostile et peu propice à l'éclosion du talent féminin.

Aussi, c'est avec une grande joie et un immense honneur que je viens, à travers cette préface, contribuer à l'œuvre d'institutionnalisation des femmes béninoises comme actrices économiques majeures en soutenant ce projet de publication de l'une d'entre elles, Madame Yvette Onibon Doubogan. J'espère que, tout comme moi, vous prendrez du plaisir à lire et surtout à écouter les interactions verbales de ces femmes, afin que nous puissions leur donner le coup de pouce nécessaire à une plus grande reconnaissance économique et financière sur l'échiquier économique national, sous-régional et international.

Bonne lecture à tous !

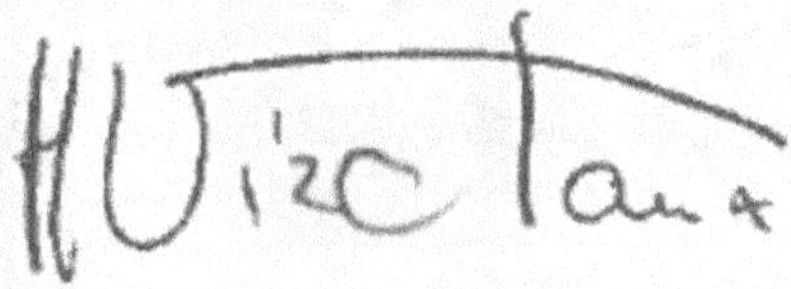

Jean Luc Virchaux
Directeur résident,
Coopération suisse au Bénin de 2010 à 2014

PRÉFACE

Les écrits anthropologiques et économiques sur l'Afrique subsaharienne ont souvent attesté du faible pouvoir des femmes et de leur relative participation au processus de développement. Les femmes sont souvent présentées comme des victimes de la dictature des hommes et surtout de leur mari. Cette assertion est devenue l'un des facteurs de la lutte pour la parité homme-femme et du discours sur le genre.

Cette appréciation des rapports entre l'homme et la femme, notamment dans les secteurs de développement, ne se confirme pas partout. Elle ignore le rôle cardinal des femmes dans le fonctionnement des sociétés africaines.
Dans les pays du golfe du Bénin, entre le Ghana actuel et le delta du Niger au Nigeria, les femmes ont plus de responsabilités que les hommes dans la gestion des sociétés et dans les activités économiques. Elles sont les matrones des couvents religieux et jouent un rôle important dans les cours des rois en tant que *Iya-Oba*, c'est-à-dire la protectrice du roi ou *Iya-L'ode*, c'est-à-dire la patronne des femmes. Elles détiennent une part importante dans l'économie. Par exemple, chez les Yoruba de la partie ouest du Nigeria, ce sont les femmes qui se chargent de la production vivrière et de la vente au marché de ce qui est produit par les hommes (Gourou, 1955 ; Galletti, Badwin et Dina, 1956). Pendant que les hommes s'occupent de la valorisation des grandes plantations de cacao et de palmiers à huile, ce sont les femmes qui se chargent de fructifier les rentes issues de ces activités.
L'économie de traite qui a débouché sur l'installation des comptoirs commerciaux et de grandes sociétés de distribution comme l'United African Company (UAC), la Compagnie Française de l'Afrique Occidentale (CFAO),

et la Société Commerciale d'Afrique Occidentale (SCOA) a propulsé beaucoup de femmes dans le commerce des produits manufacturés comme le tissu, les denrées alimentaires de base, les cosmétiques, la parfumerie et d'autres biens de première nécessité. Il en a résulté l'émergence d'une véritable bourgeoisie féminine qui a produit ce que beaucoup d'anthropologues qualifient de *Nana benz* au Togo et au Ghana. Ces femmes entrepreneures sont actuellement nombreuses et interviennent dans plusieurs secteurs de productions à la fois comme banquières, commerçantes, détentrices d'industries de transformation et responsables de plusieurs fonctions de services dans les domaines du tissage, de la restauration, de la coiffure ou de la couture.
Dans le domaine de tissus, deux produits ont alimenté l'économie de traite et ont totalement intégré les habitudes vestimentaires africaines en faisant des femmes les plus fortunées de l'Afrique de l'Ouest. Il s'agit d'un côté du bazin, aussi appelé damas, et de l'autre du wax hollandais fabriqué à l'usine d'Helmond au Pays-Bas par la société Vlisco.

Le bazin a trouvé son terrain de prédilection dans les pays sahéliens dont notamment le Mali où il existe actuellement plusieurs centaines d'ateliers de bazin teinté animés par les femmes comme Awa Cissé, Kady Sylla, Kébé Tantou Sambaké… Le wax hollandais s'est enraciné dans le golfe de Guinée en choisissant le Togo et notamment sa capitale Lomé comme base de son rayonnement régional. Comme autre produit textile, il y a le Faso DanFani où interviennent 5 % de la population active au Burkina Faso avec les femmes au premier rang. Ces dernières ont créé plusieurs coopératives qui se chargent de la production et de la diffusion de Faso DanFani dans toute l'Afrique de l'Ouest.

Ces rappels attestent du dynamisme de l'entrepreneuriat féminin dans la région. C'est pour insister sur ce dynamisme que Madame Yvette Onibon Doubogan a décidé de travailler sur la question en choisissant le Bénin comme exemple. Cette étude vient compléter celles déjà réalisées sur les femmes entrepreneures au Togo (Cordonnier, 1987) et au Sénégal (Sarr, 1998).
Mais à la différence des études faites sur les femmes au Togo, Madame Onibon Doubogan propose une autre démarche qui s'articule autour de cinq ponts principaux :

- Les politiques publiques en faveur de l'entrepreneuriat féminin ;
- La formation à l'entrepreneuriat féminin ;
- Les déterminants de l'entrepreneuriat féminin ;
- L'entrepreneuriat féminin et le développement ;
- Les problèmes de l'entrepreneuriat féminin.

L'étude s'appuie, d'un côté, sur des méthodes économétrique, sociologique et anthropologique pour comprendre le rôle que jouent les femmes dans l'entrepreneuriat au Bénin. Les analyses qui ont permis d'appréhender cette importance de l'entrepreneuriat des femmes reposent sur les données du RGE 2 (2010) et de l'EMICoV (2010) réalisées par l'Institut Nationale des Statistiques et de l'Analyse Économique (INSAE).

De l'autre, sur les entretiens réalisés auprès de plusieurs femmes qui exercent principalement dans le plus grand marché du Bénin qu'est Dantokpa à Cotonou. Le parcours de chacune de ces femmes constitue la principale ossature de cet ouvrage qui complète fort bien tous les travaux déjà réalisés sur la question, tant en Europe qu'en Afrique, notamment ceux ayant fait l'objet d'une rencontre internationale le 18 décembre 2017 à Paris sur le thème :

« L'entrepreneuriat féminin, en Europe, Méditerranée et Afrique : un atout pour la relance économique mondiale ». Je suis particulièrement heureux d'être appelé à rédiger cette préface pour un travail dont l'intérêt n'est plus à démontrer. Sa qualité rédactionnelle et les approches proposées constituent sa valeur essentielle. Mon vœu est qu'il reçoive un écho favorable tant de la communauté des chercheurs, des opérateurs économiques que du public.

Cotonou, le 29 octobre 2018

John Igué
Professeur de géographie
Directeur scientifique du Laboratoire d'Analyse régionale et d'expertise sociale

INTRODUCTION GÉNÉRALE

Cette recherche analyse le rôle des femmes dans l'entrepreneuriat au Bénin à partir de ses principaux déterminants et de ses retombées pour le pays. Il s'agit d'un travail qui s'appuie sur une recherche pluridisciplinaire au carrefour de l'économie, de la sociologie et de l'anthropologie. La problématique qu'elle aborde se fonde sur le positionnement des femmes à travers leurs activités économiques comme un maillon important du secteur privé béninois. La dynamique positive de promotion de l'esprit d'entreprendre est également l'œuvre des pouvoirs publics nationaux ou locaux ainsi que de nombreuses ONG et agences de coopération dont la politique implique l'intégration des femmes à l'effort entrepreneurial. Il est alors important de s'intéresser aux politiques nationales et transnationales qui organisent cette dynamique de développement par l'inclusion (Cocagne et Stokkink, 2018). Elle vise à mettre en évidence la nature de la formation entrepreneuriale ainsi que la typologie des secteurs d'intervention des femmes dans l'économie béninoise, les déterminants et la contribution de ces femmes à la création de l'entreprise, les conséquences sociales sur leurs familles, ainsi que les stratégies d'accompagnement mises en œuvre par les politiques publiques pour promouvoir l'entrepreneuriat féminin.

L'entrepreneuriat féminin doit être étudié à part, pour deux principales raisons :

Premièrement, il est reconnu depuis plus d'une dizaine d'années comme une source non négligeable de croissance économique. Les femmes créent des emplois pour elles-mêmes et pour d'autres, tout en apportant à la société, du fait de leur spécificité, des solutions différentes pour la gestion, l'organisation et le traitement des problèmes des entreprises, ainsi que pour la mise à profit d'opportunités économiques. Leur participation à l'entrepreneuriat a donc des caractéristiques distinctes de celles des hommes. Non seulement les femmes participent moins que les hommes à l'entrepreneuriat, mais, lorsqu'elles décident de constituer et de diriger une entreprise, elles se tournent généralement vers des secteurs différents (OCDE, 2004).

Deuxièmement, la société en général et les sciences sociales en particulier ne s'intéressent guère à l'entrepreneuriat féminin. Néanmoins, des travaux antérieurs sur l'analyse évolutive de la participation des femmes béninoises aux activités commerciales ont montré qu'à partir du commerce de micro-détail, les femmes conquièrent le marché international (Onibon, 1995 et 2012), mettant en place des entreprises commerciales qui participent au développement du secteur privé national. L'existence des entreprises dirigées par des femmes ne constitue pas un fait exceptionnel dans la société béninoise. En effet, elles ont été de tout temps au cœur des activités économiques, à l'intérieur comme à l'extérieur du pays.

Il s'agit ici de s'appuyer sur les femmes qui sont parvenues à créer des activités d'envergure et qui mènent des activités économiques sur le marché international, le plus souvent dans le secteur informel. Malgré l'importance des femmes dans divers secteurs économiques qui contribuent pour une part importante au produit intérieur brut (PIB), l'activité économique des femmes a tendance à être minimisée. Classée dans la catégorie des activités dites « informelles », elle est considérée comme génératrice de faibles revenus, juste à peine suffisants pour la survie familiale. Les études qui ont porté sur les acteurs du secteur informel et les activités qu'ils exercent avaient conclu à l'absence d'une rationalité économique pouvant engendrer une accumulation de capital comme c'est le cas dans l'économie des pays occidentaux (Boserup, 1983 ; Cordonnier, 1992 ; Muchnik, 1990 ; Coquery-Vidrovitch, 1994).

Les programmes de développement participent également à l'occultation de l'entrepreneuriat féminin. En effet, les études qui portent sur les femmes (Rathgeber, 1988 traduit par Champagne 1989 ; Rathgeber, 1988 ; Rogers, 1980 ; Young, 1987 et 1990) mettent plus d'accent sur le caractère social des actions à mener pour rétablir l'équilibre entre les hommes et les femmes que sur la prise en compte du travail féminin comme l'un des principaux facteurs de développement des pays en Afrique au sud du Sahara.

Pourtant, y compris du point de vue de certaines institutions internationales, le rôle de plus en plus grandissant des femmes dans l'économie nationale et dans l'amélioration des conditions de vie des populations béninoises n'est plus à démontrer. À cet effet, le Plan d'action 2015 de la Banque Africaine de Développement, intitulé « *Autonomiser les femmes africaines. Indice de l'égalité du genre en Afrique* », soutient que « *les femmes, en Afrique, sont des agents économiques très dynamiques, plus que partout ailleurs dans le monde. Elles effectuent la majorité des activités agricoles, détiennent le tiers de l'ensemble des entreprises et représentent, dans certains pays, jusqu'à 70 % des employés. Au-delà de leurs activités génératrices de revenus, elles sont les principaux leviers de l'économie domestique et du bien-être familial, et jouent un rôle absolument indispensable (parfois méconnu) de dirigeants au sein de leurs communautés et de leurs nations respectives* » (BAD, 2015). Dans cette perspective, des études économiques et anthropologiques en Afrique de l'Ouest ont mis l'accent sur le dynamisme des femmes dans les différents secteurs de l'économie et leur autonomie financière (Coquery-Vidrovitch, 1994 ; Boserup, 1970 ; Cordonnier, 1987). Paul Pélissier a été le premier à mettre l'accent sur « *l'indépendance économique des femmes du Bas-Ouémé, au sud du Bénin* » (Pélissier, 1966). Cette « *indépendance économique* » est à la base de la séparation des budgets dans la grande majorité des ménages au Bénin. Contrairement aux croyances générales qui structurent la société béninoise, les femmes ont la liberté de gestion des revenus de leurs activités économiques, qui échappent ainsi au contrôle des hommes. D'après ces mêmes recherches, l'entrepreneuriat féminin concourt à l'autonomisation des femmes.

Une lecture des résultats du deuxième recensement général des entreprises[1] publiés en 2010 révèle une féminisation de l'activité économique. Environ 46 % des chefs d'entreprise, toutes catégories confondues, sont des femmes. La féminisation de l'activité économique est plus prononcée dans le secteur informel (78,8 %) que dans le secteur formel (22,2 %). De même, on note une plus forte

[1] Le Recensement Général des Entreprises du Bénin est réalisé par l'Institut National de la Statistique Appliquée à l'Économie (INSAE) du Bénin en 2008 et publié en 2010.

proportion des femmes chefs d'entreprise en milieu urbain qu'en milieu rural. De plus, il est observé, dans presque toutes les activités, la présence des femmes chefs d'entreprise, avec une forte prédominance dans le commerce et l'artisanat qui rassemblent 96,6 % des femmes.

Ces différents résultats suscitent bien des questionnements : Quelles sont les politiques publiques en matière de promotion de l'entrepreneuriat féminin au Bénin et comment sont-elles mises en œuvre ? Comment les femmes sont-elles formées à l'entrepreneuriat au Bénin ? Quels sont les secteurs d'intervention des femmes lorsqu'elles s'adonnent à l'entrepreneuriat dans le contexte béninois ? Quels sont les déterminants de l'entrepreneuriat féminin au Bénin ? Quel est l'impact de l'entrepreneuriat des femmes sur les conditions de vie des populations béninoises ? Quels sont les obstacles liés à l'entrepreneuriat féminin au Bénin ?

La présente recherche tente d'apporter une réponse à ces préoccupations, et vise donc à :
– appréhender le rôle des politiques publiques dans la promotion de l'entrepreneuriat au Bénin ;
– décrire les conditions de formation à l'entrepreneuriat féminin ainsi que les secteurs d'interventions des femmes entrepreneures dans le contexte béninois ;
– identifier les facteurs qui déterminent l'entrée des femmes dans le secteur de l'entrepreneuriat au Bénin ;
– évaluer l'impact socio-économique des activités des femmes entreprencures sur le développement social et humain ;
– cerner les défis de l'entrepreneuriat féminin au Bénin.

De manière empirique, il est admis que les femmes travaillent surtout dans la sphère domestique et que leurs activités économiques sont de faibles envergures (Folbre, 2001 ; Kabeer, 2002). L'hypothèse centrale de cette recherche est que, contrairement à ces premières études, les entreprises dirigées par les femmes occupent une place importante dans le secteur privé béninois. Les femmes s'investissent dans plusieurs secteurs d'activité et constituent un maillon important dans la production de la richesse nationale.

Cet ouvrage comporte cinq chapitres qui restituent les résultats de la recherche. Le premier chapitre analyse l'efficacité des politiques nationales et présente les politiques publiques mises en œuvre au Bénin pour promouvoir l'entrepreneuriat féminin. Le deuxième chapitre tente d'appréhender comment les femmes sont initiées à la culture entrepreneuriale ainsi que les principaux secteurs d'activité dans lesquelles elles opèrent au Bénin. Le troisième chapitre s'appuie sur les bases de données de l'Enquête Modulaire Intégrée sur les Conditions de Vie (EMICoV, 2011) et du Recensement Général des Entreprises (RGE2) de l'Institut National de la Statistique appliquée à l'Économie (INSAE, 2010) pour analyser les déterminants de l'entrepreneuriat féminin au Bénin. Le quatrième chapitre, en se fondant sur des modèles d'évaluation économétrique, apprécie l'impact de l'entrepreneuriat féminin sur le développement humain et social, tandis que le cinquième chapitre s'intéresse aux défis des initiatives entrepreneuriales féminines.

CHAPITRE 1

POLITIQUES PUBLIQUES EN FAVEUR DE LA PROMOTION DE L'ENTREPRENEURIAT FÉMININ AU BÉNIN

Introduction

Au Bénin, tout comme dans la plupart des pays africains, le secteur public, qui a assuré l'emploi et la croissance de la plupart des économies nationales, est à bout de souffle. Le secteur privé a désormais pris le relais, faisant de l'auto-emploi par l'entrepreneuriat une des voies les plus privilégiées par les jeunes et les femmes pour la création d'emplois durables. Dans un contexte marqué par d'importants défis sociaux dont des taux de chômage sans cesse élevés surtout parmi les jeunes diplômés, la promotion de l'entrepreneuriat apparaît comme étant une solution vitale pour nos sociétés du XXIe siècle. L'entrepreneuriat est susceptible de dynamiser la croissance, de réduire le chômage, la pauvreté et l'exclusion sociale, et est donc au cœur de toutes les politiques de développement économique. Partout dans le monde, les gouvernements, les institutions non gouvernementales ainsi que l'ensemble des acteurs sociaux et économiques sont parfaitement conscients de l'importance de la création des entreprises, notamment les TPE et les PME (Giardinelli, 2018).

Au Bénin, les gouvernants tentent, depuis quelques décennies, de développer une politique et une stratégie nationales de promotion de l'entrepreneuriat basées sur une approche globale et systémique qui garantisse une coordination et une cohérence propres à aboutir à des effets positifs. Les politiques publiques de l'entrepreneuriat féminin de ce pays d'Afrique de l'Ouest trouvent leur ancrage dans la Constitution du 11 décembre 1990 dont l'article 26 stipule que « l'État assure à tous l'égalité devant la loi sans distinction d'origine, de race, de sexe, de religion, d'opinion politique ou de position sociale. L'homme et la femme sont égaux en droit [...] ».

Les politiques et stratégies de croissance et de réduction de la pauvreté, successivement élaborées au Bénin, intègrent donc la création de l'emploi par la promotion de l'entrepreneuriat, pour les jeunes en général et une part belle aux femmes en particulier. L'intérêt de la promotion de l'entrepreneuriat féminin se fonde sur l'égalité des sexes, qui occupe une place prépondérante dans les nouvelles stratégies de développement économique et social. Elle requiert la mise en place d'un mécanisme favorisant la suppression des barrières telles que les lois discriminatoires en matière de propriété foncière et d'héritage, les lois coutumières, le manque d'accès aux institutions financières formelles, etc. Un tel mécanisme contribuerait à l'autonomisation des femmes, à l'égalité des sexes de même qu'à la création d'emplois. À juste titre, le CNUCED accorde une attention croissante à l'entrepreneuriat des femmes, considéré comme moyen d'autonomisation et d'élargissement de leurs opportunités de participer à l'emploi productif, qu'il soit indépendant ou non (CNUCED, 2015).

Quelles sont les politiques publiques mises en place pour promouvoir l'entrepreneuriat féminin au Bénin ? Quel est l'historique de ces politiques publiques ?

Comment sont-elles élaborées et mises en application ? Quelle appréciation peut-on faire de l'efficacité des différentes politiques et stratégies de promotion de l'entrepreneuriat féminin développées par l'État béninois ?

Telles sont les préoccupations abordées par le présent chapitre.

1.1. Rappel historique des politiques publiques en matière de promotion de l'entrepreneuriat féminin au Bénin

« L'évolution de l'entrepreneuriat féminin dans les différents secteurs économiques d'intervention est liée à celle des contextes historiques, économiques et politiques qui ont prévalu au Bénin à différentes époques de son histoire. Pour mieux comprendre la problématique de l'entrepreneuriat féminin et faire progresser les travaux dans ce champ, il est donc nécessaire d'élargir l'objet de la recherche, en prenant en considération des variables contextuelles et historiques ainsi que d'autres unités d'analyse, au-delà de la bipolarisation homme/femme, qui saisissent mieux les effets du genre sur l'entrepreneuriat » (Jennings et Brush, 2013). De la traite des esclaves à la mondialisation de l'économie en passant par la révolution technologique, plusieurs facteurs politiques, sociaux et économiques ont influencé les activités des femmes dans les pays africains.

Dans son étude pionnière sur l'impact de la traite négrière sur l'économie des pays de l'Afrique de l'Ouest, Hopkins (1973) a fait remarquer que cette traite a eu un impact majeur sur la division du travail entre les hommes et les femmes. En effet, la fin de l'esclavage et le début du commerce légitime ont eu des répercussions sur le genre, non seulement parce que la majorité des hommes étaient hors du continent, mais aussi parce que les femmes étaient désormais plus impliquées dans l'agriculture. Le rôle économique des femmes s'est ainsi particulièrement accru avec le commerce du palmier à huile. La prédominance des femmes dans les échanges commerciaux a eu un impact certain dans le rôle qu'elles ont joué dans la commercialisation de l'huile de palme. Au Bénin, l'animation des marchés périodiques de produits vivriers et de biens manufacturés importés de l'Europe (tissus, perles, boissons alcoolisées…) est dévolue aux femmes, tout comme en pays yoruba (situé à l'ouest du Nigeria), où la vente des produits revient traditionnellement aux femmes. À ce propos, Law (1995) rapporte une anecdote sur le pays yoruba :

> *« Lorsque Shodeke (chef d'Abeokuta) appela les Egba (populations d'Abeokuta) pour leur transmettre le message du roi interdisant la vente des esclaves, ils lui demandèrent ce qu'ils peuvent faire d'autre. Shokede ayant posé cette question aux blancs, ils lui répondirent que les Egba peuvent s'adonner à la vente de l'huile de palme. Puis, ils demandèrent : comment des hommes peuvent-ils vendre de l'huile comme des femmes ? »* Law (1995, p. 205)[2].

Durant l'esclavage, les femmes ont donc joué un rôle majeur dans le commerce et plus particulièrement de l'huile de palme. De ce fait, des conditions ont été créées depuis le commerce caravanier jusqu'au commerce de l'huile de palme, pour enraciner le monopole des femmes

---

[2] Extrait d'une correspondance relatant la traite négrière citée en version anglaise par Law (1995, p. 205) et traduit par l'auteure.

dans l'animation des marchés et la commercialisation des produits vivriers et manufacturiers et plus généralement dans le tissu économique de leur pays.

Dans cette même veine, l'ouvrage de Coquery-Vidrovitch, sur l'histoire des femmes d'Afrique noire du XIXe au XXe siècle, met en évidence la figure d'exception des signares de Saint-Louis du Sénégal ou des « belles créoles » de Luanda, des commerçantes d'Afrique de l'Ouest, des « femmes-chefs », des « reines-mères » ou des prophétesses, sans parler des célèbres « Amazones » du roi Béhanzin au Dahomey, tant sur les plans politiques qu'économiques (Coquery-Vidrovitch, 1994).

Malgré cette dynamique entrepreneuriale des femmes, Dulucq se veut plus critique, car il soutient que « *les femmes d'Afrique noire ont eu, et continuent d'avoir, sous des formes qui ont varié dans le temps, la vie dure* ». L'auteur l'explique par le fait qu'à l'époque coloniale, les modifications des circuits économiques, l'imposition d'un droit foncier et d'une fiscalité à l'occidentale, la valorisation du travail masculin (cultures de rente aux hommes, cultures vivrières aux femmes), les migrations de travail des hommes, la diffusion de la patrilinéarité dans la législation coloniale, l'idéologie missionnaire, tout cela concourait à alourdir le labeur des femmes et à les assujettir aux hommes.

Mais, pour l'époque récente, il faut noter que le dynamisme impressionnant des femmes africaines notamment celles qui travaillent dans le secteur dit « informel », leur entrée en plus grand nombre (même si c'est encore symbolique) dans le monde syndical et dans la vie politique, ainsi que dans les réseaux associatifs, leur intégration dans les projets de développement, dans les activités artistiques, laissent augurer des changements positifs (Dulucq, 1997). Richer *et al.* étaient de ce dernier point de vue, car ils expliquent que « depuis plusieurs générations, des femmes ont fait preuve d'ingéniosité et de persévérance pour évoluer dans le monde des affaires. Elles ont démontré leur force et leur solidarité. Leur travail a permis d'établir des bases solides autant dans la sphère sociale qu'économique. Grâce à elles, les entrepreneures d'aujourd'hui sont libres d'exprimer la pleine mesure de leur créativité et de développer leurs nombreux talents » (Richer *et al.*, 2007).

En dépit des changements structurels massifs et durables qui se sont opérés dans le monde du travail et de la transformation des normes sociales du comportement d'activité féminine, le clivage du genre et celui des inégalités entre les sexes (Maruani, 2006) perdurent et se transforment (ségrégation horizontale et verticale, sous-emploi, plafond de verre (Guilleux, 2015)). De nombreuses inégalités sociales de genre jonchent les initiatives entrepreneuriales des femmes et entravent leur participation active au processus de développement. C'est fort de cela que l'Organisation des Nations Unies s'est engagée depuis 1946 à promouvoir un cadre favorable à un développement qui génère de façon équitable des bénéfices aussi bien pour l'homme que pour la femme.

Cependant, l'engagement du Bénin en faveur d'un développement sensible au genre n'a véritablement commencé qu'après la profonde crise économique et sociale des années 1980 que Banegas (1995) décrit si bien en ces termes : « *Au Bénin, peut-être plus qu'ailleurs, la crise financière de l'État apparaît effectivement comme un des éléments déterminants de l'effondrement du régime et de la radicalisation des revendications. En 1988-1989, en effet, le Bénin est dans un état de faillite bancaire, de banqueroute totale. Les trois banques du pays se retrouvent en situation d'illiquidité, la Banque commerciale du Bénin ayant perdu quarante-trois fois son capital. La crise des finances publiques, déjà sensible depuis 1983, atteint son point culminant fin 1988-début 1989 avec l'accumulation des dettes intérieure et extérieure et la cessation de paiement de Trésor public. Cette faillite constitue une "bombe" sociale et politique plus que menaçante pour le fonctionnement du régime. Pour trois raisons au moins : au plan social d'abord, l'accumulation des arriérés de salaire (6 à 8 mois) dans la fonction publique, le contrôle puis le gel des retraits bancaires portent à son comble une tension déjà vive [...]. La mise à nu des mécanismes de la "politique du ventre"* » va avoir une importance non négligeable dans la mobilisation des acteurs béninois et étrangers en faveur du changement. Troisième menace pour la survie du régime : la faillite financière de l'État béninois signifiait le tarissement des circuits de redistribution clientéliste, le blocage des mécanismes de régulation interne déjà érodés par le marasme économique des années 1980. Avec l'épuisement des ressources, il devient impossible, souligne T. Vittin (1991), « *de contraindre les éléments placés à la périphérie du système politique de troquer l'idée d'une conquête ultérieure du pouvoir contre un accès immédiat à des postes de responsabilité qui aurait fait d'eux des prisonniers du régime* » (Banegas, 1995).

Bien que cette crise sociopolitique et économique ait eu pour conséquence l'aggravation des inégalités sociales basées sur le genre, elle a néanmoins favorisé l'émergence d'une nouvelle approche de développement basée sur l'entrepreneuriat. Ce n'est qu'à partir de 1990 que les acteurs politiques et économiques ont commencé par manifester un intérêt particulier à l'entrepreneuriat en Afrique, surtout dans les pays francophones subsahariens (Sow, 1999). L'auto-emploi s'est révélé être un enjeu pour la libéralisation économique des pays en développement considérés par les institutions financières internationales (Banque mondiale, Fonds monétaire international, etc.) comme une solution durable à la crise. Pour ces institutions du Bretton Woods, notamment la Banque mondiale, l'entreprise privée apparaît comme le chaînon manquant au développement socio-économique de l'Afrique (Ouédraogo, 1999), et par conséquent un moteur de développement.

C'est fort de ce potentiel que l'égalité hommes-femmes constitue, pour les économies contemporaines comme celle du Bénin, engagées dans les stratégies de croissance et de lutte contre la pauvreté, un défi majeur pour les autorités politico-administratives, car l'entrepreneuriat, plus particulièrement celui de la femme, est considéré par les différents groupes sociaux comme un pôle de croissance et de bien-être.

1.2. Rôle des politiques publiques dans le développement de l'entrepreneuriat féminin au Bénin

Plusieurs dispositifs généraux et spécifiques visant à promouvoir l'emploi et l'entrepreneuriat féminins ont été mis en place au Bénin au cours notamment de cette dernière décennie. Au nombre de ceux-ci, on peut citer :

- l'Institut National pour la Promotion de la Femme (INPF) ;
- la Direction de la Promotion de la Femme et du Genre au sein du Ministère de l'Emploi ;

- la Commission Nationale de Promotion de la Femme (CNPF) ;
- les Commissions Départementales de Promotion de la Femme (CDPF) ;
- la Politique Nationale de Promotion de la Femme ;
- l'existence d'une politique nationale de promotion du genre ;
- les Women Business Promotion Center (WBPC) ;
- la Fédération des Femmes Entrepreneures et Femmes d'Affaires du Bénin (FEFA-Bénin).

La pratique des politiques de promotion de l'entrepreneuriat féminin se traduit également par :

- l'allégement des conditions et formalités de création des entreprises ;
- la réduction du capital social exigible aux SARL à un montant de 50 000 FCFA ;
- la possibilité d'avoir, avec des formalités allégées, un statut d'« entreprenant » bien qu'étant dans l'informel en vue d'une migration vers le secteur formel ;
- l'application effective du décret sur les microcrédits aux plus pauvres, microcrédits plus orientés vers les femmes avec des programmes et projet d'accompagnement tels que : Projet d'Appui à la Décentralisation, à la Déconcentration et au Développement économique local au Bénin PA3D, Centre des Arts et Métiers de la Femme dc la commune de Parakou CAMFP, Projet des Villages du Millénaire (PVM) ;

- l'adoption de la loi n° 2002-07 du 24 août 2004, portant Code des personnes et de la famille en République du Bénin ;
- l'adoption de la loi n° 2013-01 du 22 avril 2013, portant Code foncier et domanial en République du Bénin.

Cette section présente quelques-unes des politiques publiques jugées majeures dans la promotion de l'entrepreneuriat féminin au Bénin.

1.2.1. Politique Nationale pour la Promotion du Genre (PNPG)

Selon le quatrième recensement général de la population et de l'habitation (RGPH4) de 2013, les femmes représentent 51,2 % de la population béninoise et 58,3 % d'entre elles vivent en milieu rural où elles participent activement au fonctionnement des exploitations familiales paysannes (Onibon et Adégbola, 2017). Fort de l'importance démographique des femmes, de leur rôle dans la stabilité des ménages, leur contribution au secteur des biens et services, des politiques visant la suppression des comportements et pratiques discriminatoires à l'égard des femmes sont mises en œuvre. Elles visent à donner les mêmes chances à toutes les couches sociales et à contribuer à l'amélioration du statut social et économique des femmes. Dans cette perspective, le Bénin s'est doté en 2009 d'une « Politique Nationale de Promotion du Genre » (PNPG) en vue de lutter efficacement contre toutes les formes de discrimination dans les rapports homme et femme.

Élaborée avec à l'appui technique et financier des Coopérations danoise, suisse, du Fonds des Nations Unies pour la Population (FNUAP) et du Programme des

Nations Unies pour le Développement (PNUD), à partir d'une démarche méthodologique basée sur le Modèle Intégré d'Organisation (MIO), la PNPG résulte de plusieurs étapes auxquelles ont activement pris part des personnes ressources provenant des services de l'administration publique, des organisations de la société civile, des collectivités locales, et des partenaires techniques et financiers impliqués dans la promotion du genre au Bénin. Il s'agit essentiellement de :

- la phase préparatoire ;
- la phase d'investigation diagnostique et d'élaboration de l'état des lieux sur les inégalités genre dans tous les secteurs de développement et dans les communes au Bénin ;
- la phase d'investigation stratégique ;
- l'élaboration du document provisoire de PNPG ;
- la validation et la finalisation du document de PNPG.

La PNPG a pour objectif global de *« réaliser au Bénin, d'ici à 2025, l'égalité et l'équité entre les hommes et les femmes en vue d'un développement humain durable ».* Plus stratégiquement, le PNPG a pour objectifs de renforcer l'accès égal à l'éducation, à l'alphabétisation, à la formation professionnelle, aux structures de prises de décision et un contrôle équitable des ressources ; à travers un renforcement de l'institutionnalisation du genre, pour une meilleure prise en compte dans les Plans de Développement Communaux.

Pourtant, à moins d'une décennie de l'échéance 2025 de la PNPG, d'importants défis continuent d'entraver l'autonomisation et la promotion de la femme béninoise en vue de sa participation effective à la production de la richesse et au développement du Bénin. C'est à juste titre que Jonathan Richter, le représentant résident de l'USAID au Bénin, affirmait en 2017 que « *le chemin de l'égalité du genre et de l'inclusion de tous les membres de la société reste encore parsemé d'embûches culturelles, religieuses et sociologiques* ». Marginalisée, soumise, écartée de l'accès aux biens et services et de leur contrôle de l'autre côté, analphabète en majorité (80 %), la femme béninoise est encore dans une situation de discrimination préjudiciable au développement de son pays (Adjibodou Makoutodé et Kanakin, 2010). Il y a donc une persistance des inégalités dans les rapports sociaux de sexe dont les traditions et coutumes constituent l'ancrage.

1.2.2. Institut National pour la Promotion de la Femme (INPF)

Créé par le décret n° 2009-728 du 31 décembre 2009, modifié par le décret 2015-161 du 13 avril 2015, l'INPF est un office à caractère social et scientifique doté de la personnalité juridique et de l'autonomie financière conformément à la loi 94-009 du 26 juillet 1994. Pour faciliter la transversalité de ses interventions et de ses actions, l'INPF a pour ancrage institutionnel la Présidence de la République. Actuellement, l'INPF est une structure ancrée dans le paysage de la promotion de la femme et du genre au Bénin.

Les attributions de l'Institut sont :

– initier et conduire des travaux d'études et de recherches sur la femme et son impact sur le développement ;

- collecter, actualiser et diffuser les données relatives à la condition de la femme au Bénin ;
- établir et produire des statistiques dans le domaine du genre ;
- proposer des politiques et stratégies pour l'amélioration des conditions de vie de la femme ;
- œuvrer à la réduction des inégalités entre l'homme et la femme ;
- assurer le renforcement des capacités des filles et des femmes par des formations théoriques, techniques et pratiques.

La vision de l'INPF est : « *D'ici à 2025, 50 % au moins de la population féminine du Bénin est impliquée dans la prise de décision et la gestion des grands secteurs sociaux et économiques par une participation massive et équitable aux orientations politiques et économiques.* » Cette vision est sous-tendue par un environnement socioculturel, institutionnel, juridique, économique plus juste et repose sur l'égalité des chances et sur le traitement équitable des hommes et des femmes ainsi que sur l'autonomisation des femmes qui ne sera possible que grâce à une formation et un encadrement soutenus. Dans cette perspective, l'INPF apparaît comme un outil privilégié pour la promotion des initiatives des femmes du Bénin. Il est mis en place dans le cadre du Partenariat pour un Avenir égalitaire, signé entre le Bénin et le système des Nations Unies. La stratégie de l'INPF consiste à proposer des politiques et des programmes en s'appuyant sur les résultats d'études et de recherches qui ont au préalable identifié les causes, les méthodes et/ou mécanismes assez pertinents pour déclencher les progrès souhaités en matière de promotion de la femme, de réduction des inégalités de genre et d'accès au savoir et aux opportunités.

Cependant, il convient de préciser que depuis la création de l'INPF, la situation des femmes au Bénin n'a guère connu de véritables changements. La mission de l'Institut qui est de « *promouvoir la participation et la contribution de la femme béninoise à la vie publique et politique* » est loin d'être réalisée. Au niveau politique, par exemple, on note une très faible représentativité des femmes dans les instances de prise de décision. Dans les Conseils communaux, on dénombre seulement 43 femmes sur 1 199 élus locaux et 3 femmes sur les 77 maires. De même, l'Assemblée nationale ne compte que 6 femmes sur 83 députés ; tandis qu'au niveau de l'exécutif, seulement 4 femmes sont ministres sur 23 (Tasso et Ouassa Kouaro, 2017). Au regard de ce tableau peu reluisant, on peut dire sans risque de se tromper que la stratégie adoptée par l'Institut s'avère inefficace.

1.2.3. Stratégies nationales de l'emploi et de l'entrepreneuriat féminins au Bénin

Pour conforter la position et la participation des femmes béninoises à la croissance économique et à la prise de décision, pour sortir les femmes des activités génératrices de revenus classiques, le gouvernement du Bénin a initié d'abord en partenariat avec le Millenium Challenge Account[3] une étude sur la problématique de l'emploi des femmes, puis en collaboration avec le Bureau International du Travail, un nouveau programme au profit des femmes intitulé ***« Programme Spécifique à l'Emploi des Femmes au Bénin »***. À travers ses composantes, à savoir : (i) le renforcement des compétences des femmes,

---

[3] Une entité du gouvernement des États-Unis d'Amérique créée en vertu du titre VI de la loi de 2004 portant Programme d'Activités à l'Étranger, Financement des Exportations et Programmes Connexes, et chargée de la gestion du Millennium Challenge Account.

(ii) la promotion de l'entrepreneuriat et de l'auto-emploi des femmes, (iii) la valorisation et l'encadrement du travail domestique et (iv) le renforcement des capacités institutionnelles, ce programme vient contribuer à l'autonomisation économique résiliente des femmes. Le Programme spécifique à l'emploi des femmes au Bénin est en parfaite cohérence avec la Politique nationale de l'emploi du Bénin, la Politique nationale de promotion du genre et les interventions du système des Nations Unies au Bénin.

Ce programme vise à accroître les compétences et les capacités productives des femmes et jeunes filles pour leur permettre de s'insérer durablement dans la vie professionnelle. Il s'articule autour de quatre (4) axes stratégiques : i) le développement de l'employabilité des femmes et des jeunes filles, ii) la promotion de l'entrepreneuriat et de l'auto-emploi des femmes et des jeunes filles, iii) la valorisation et l'encadrement du travail domestique des femmes et des jeunes filles, iv) le renforcement des capacités institutionnelles et collectives.

À travers la composante 2 de ce programme dénommée « *promotion de l'entrepreneuriat et de l'auto-emploi des femmes* », le gouvernement du Bénin montre sa détermination à lutter contre le chômage, le sous-emploi et la pauvreté. Il a entrepris des démarches pour promouvoir l'entrepreneuriat et l'auto-emploi des femmes et des jeunes. L'objectif de cette composante est de développer l'entrepreneuriat et l'auto-emploi des femmes et des jeunes filles. De façon spécifique, il s'agit de : i) développer les capacités entrepreneuriales des jeunes filles et des femmes, ii) former les femmes et jeunes filles à la création et la gestion des micro et petites entreprises, iii) développer l'entrepreneuriat des femmes et des jeunes filles dans les filières porteuses, iv) mettre en place un dispositif d'encadrement et de financement des femmes entrepreneures.

Par cette composante, le programme ambitionne de développer les capacités économiques des femmes et de consolider leurs organisations collectives sous la forme structurée d'entreprises d'économie sociale et solidaire. Ce volet doit offrir aux femmes un plus large accès aux services financiers adaptés à leurs besoins et la mise en place d'infrastructures communautaires pourvoyeuses d'emplois en milieu rural. À travers des partenariats avec les Systèmes financiers décentralisés installés dans les zones d'intervention du programme, il est offert aux femmes des services adéquats. Par ailleurs, une collaboration avec les programmes en cours permettra aux femmes de bénéficier d'appui en équipement, telle que les interventions de la FAO qui appuie le maraîchage urbain, l'élevage, l'horticulture à travers des kits d'outillage et de matériels ; et le Programme d'Appui à l'Emploi Indépendant (PAEI). La mise en œuvre de ce programme a permis de consolider remarquablement les capacités entrepreneuriales des femmes ainsi que leur degré d'autonomisation. Des formations spécifiques sur les techniques de production agricole et animale, de transformation agroalimentaire leur ont permis de développer la qualité de la production et leurs aptitudes dans la gestion de leurs activités génératrices de revenus. L'appui aux artisanes permet le développement individuel et de la communauté (Carlos *et al.*, nd). Grâce à ce programme, de nombreuses femmes sont aujourd'hui responsables de leurs propres entreprises, même s'il importe de préciser que d'importants efforts restent à réaliser pour une extension des actions de ce programme à un plus large public dans la perspective d'une véritable autonomisation des femmes béninoises. En effet, selon le Rapport d'étude sur l'emploi des femmes au Bénin (2011), les femmes bénéficiaires de ces programmes développent l'auto-emploi informel (vente de détail, agriculture vivrière, petit commerce, etc.). Ces activités de substitut manquent généralement d'efficacité à cause des contraintes liées au faible accès aux ressources productives (terre, ressources financières, technologie, formation et information). Pour que l'emploi indépendant puisse générer des revenus adéquats pour la femme, il importe de lever ces contraintes en ressources productives.

Diverses expériences ont montré que les organisations de femmes, à travers les valeurs de solidarité et de partage, permettent à leurs membres de créer des emplois indépendants, développer une culture d'entreprise, accéder à des services financiers adéquats, renforcer leurs compétences. Le projet ambitionne de soutenir les efforts des organisations, afin qu'elles deviennent de véritables entreprises économiques structurées et offrent à leurs adhérentes les services adéquats. Il s'agit particulièrement d'améliorer leur productivité et leur compétitivité, de créer des emplois et de générer des revenus décents, de susciter des investissements économiques productifs, de gérer des infrastructures de base, et de participer aux prises de décisions au niveau local et national, notamment par la mise en place de nouvelles formes de partenariat.

Cette composante doit permettre la création d'emploi et de revenus nécessaires à l'amélioration des conditions de vie et du statut social des femmes. Il s'agit notamment de :

- valoriser l'expertise et le savoir-faire des femmes ;
- améliorer la gestion individuelle et collective de leurs activités économiques, indispensable à la création et à la préservation de leurs entreprises ;

– développer leurs capacités d'innovation et de productivité économique ;

– initier la création et le développement d'emploi « verts » pour les femmes et les jeunes filles ;

– améliorer les capacités entrepreneuriales afin de structurer et renforcer les micro, petites et moyennes entreprises féminines ;

– soutenir leurs entreprises d'économie sociale et solidaire, afin qu'elles soient en mesure de leur offrir les services les plus adéquats ;

– améliorer l'accès des femmes à des systèmes de crédit qui répondent adéquatement à leurs besoins ;

– améliorer et développer l'offre de services aux femmes des institutions publiques et privées.

Le programme s'adresse spécifiquement aux :

– femmes rurales des zones les plus défavorisées ;

– femmes urbaines œuvrant dans le secteur informel ;

– jeunes filles déscolarisées ;

– travailleuses domestiques ;

– jeunes filles chefs de famille monoparentale ;

– femmes vivant avec le VIH/SIDA et des handicaps.

Le choix de ce public cible s'explique principalement par sa vulnérabilité et par les nombreux défis qui entravent les initiatives entrepreneuriales de ces femmes victimes de discriminations sociales.

Au titre de l'année 2013, quatre (4) programmes essentiels ont servi de moteur pour atteindre ces objectifs. Il s'agit de :

- **Programme 1** : Développement du secteur de la Microfinance dont le volet Microcrédit aux plus pauvres (MCPP) contribue à la promotion de l'entrepreneuriat féminin. Il est mis en œuvre par le Fonds National de la Microfinance (FNM).

- **Programme 2** : Promotion des initiatives à la base dont les bénéficiaires sont les communautés à la base, les jeunes artisans et les groupements de femmes tels que la Fédération des Femmes d'Affaires du Bénin (FEFA) [confère annexe 8], les Business Promotion Center (BPC), etc.

- **Programme 3** : Promotion de l'Emploi qui impacte les chercheurs d'emploi de toutes catégories, les employeurs et les PME. Il est mis en œuvre par l'ANPE par le biais de son Programme d'Appui à l'Emploi Salarié (PAES) et le FNPEEJ. Aussi, dans le cadre de la mise en œuvre des initiatives en faveur de l'auto-emploi, six (6) programmes ont été retenus à savoir : Programme d'Appui à l'Emploi Indépendant (PAEI), le Programme d'Appui au Renforcement des Capacités des Demandeurs d'Emploi (RCDE), le Partenariat Décentralisé pour l'Emploi (PaDE), Programme d'Appui aux Jeunes et PME (PJPME), Programme de Diversification Agricole par la Valorisation des Vallées (PDAVV) et Programme Spécial de Réinsertion professionnelle (PSR). Tous ces programmes favorisent à la fois la promotion de l'emploi, tant féminin que masculin.

- **Programme 4** : Administration et Gestion des Services dont les bénéficiaires sont les structures du ministère et ses usagers.

Sur ces quatre programmes, seuls les trois premiers traitent essentiellement des questions d'emploi et de promotion de l'entrepreneuriat avec des volets intégrés prenant en compte l'emploi des femmes et l'entrepreneuriat féminin. L'annexe 7 donne une brève description des structures relevant de ces programmes et qui ne sont rien d'autre que les cadres opérationnels des politiques de promotion de l'emploi des femmes et de l'entrepreneuriat féminin au Bénin.

Plusieurs autres programmes/projets, fonds, agences et instituts de développement ont été mis en place pour permettre l'opérationnalisation des différentes politiques et stratégies de développement élaborées, notamment le Minimum social commun, le Fonds national de solidarité pour l'emploi (FSNE) remplacé par l'Agence nationale pour la promotion de l'emploi des jeunes (ANPE), le Fonds d'insertion des jeunes sans emploi (FIJ), la Coordination nationale des initiatives et projets d'emplois nouveaux (CIPEN), le Programme d'insertion des sans-emploi dans l'agriculture (PISEA), le Programme campus Bénin (PCB), le Programme entrepreneuriat LNB-PAPME, le Business Promotion Center (BPC), l'organisation du Forum national sur l'emploi des jeunes du 8 au 10 mars 2007, le Projet d'appui à la promotion de l'emploi des jeunes (PAPEJ), le Programme sur l'emploi rural à l'intention des jeunes de nos campagnes (PERJ), etc. Ce sont aussi des programmes/projets et fonds sous tutelle des ministères du Commerce et de l'Industrie, à l'entrepreneuriat des femmes et des jeunes et du ministère en charge de la Microfinance. Au niveau des autres départements ministériels, on peut noter, entre autres initiatives de promotion de l'emploi, les travaux à haute intensité de main-d'œuvre (HIMO) du ministère des Travaux publics (MTP), le recrutement dans la fonction publique (ministère de la Fonction publique), le Programme d'insertion des jeunes à la vie économique (PIJE) du ministère chargé de la Jeunesse, la mise en place d'infrastructures de base dans l'agriculture pour rendre la production moins aléatoire par le Programme de promotion de mécanisation agricole (PPMA) du ministère de l'Agriculture, de l'Élevage et de la Pêche (MAEP), le Programme spécial d'insertion des jeunes dans l'agriculture qui met à la disposition des jeunes les terres, les semences, les équipements du PPMA. À ces programmes, il faut ajouter les formations en renforcement de capacités données par l'Agence nationale de promotion des petites et moyennes entreprises (ANPME) aux PME, qu'elles soient féminines ou masculines.

Cependant, la situation n'a pas changé de manière significative comme l'on peut le constater dans différentes évaluations exécutées par l'État béninois (évaluation des SCRP en 2008, les rapports sur le Profil social national 2009 et 2010, évaluation de la mise en œuvre des OMD en 2010, etc.). Les impacts sociaux des différentes actions engagées restent très limités et la pauvreté sévit sous toutes ses formes. Plus spécifiquement, les nombreuses politiques mises en œuvre manquent de cohérence et leurs effets sur l'entrepreneuriat féminin restent limités.

L'analyse des politiques publiques de promotion de l'entrepreneuriat féminin révèle également une inadaptation des mesures d'accompagnement mises en place par les institutions et programmes qui œuvrent dans le secteur. Il apparaît alors pertinent de concevoir des dispositifs de soutien plus personnalisés, en fonction des types de profils de créateurs (Léger-Jarniou, 2005). De plus, il ressort que l'échec des politiques publiques en matière de développement de l'auto-emploi par l'entrepreneuriat tient au manque de confiance en soi des femmes, certainement le plus grand obstacle au cheminement des femmes à la tête de très petites entreprises (Fielden, Davidson, Dawe et Makin, 2003). Dans cette perspective, les dispositifs de soutien ont un rôle important en ce qu'ils peuvent modifier le niveau de confiance en soi des femmes et, par là même, accroître leur intention entrepreneuriale et le développement de leur entreprise (Kirkwood, 2009). Toutefois, il convient de préciser que si certaines études prônent la mise en place de programmes d'accompagnement spécifiques, d'autres au contraire insistent sur la nécessité d'intégrer la problématique du genre dans les dispositifs d'accompagnement généralistes (Lebègue, 2015).

Conclusion

Ce chapitre a essayé d'analyser l'efficacité de ces politiques publiques en insistant sur les obstacles qui entravent le développement de l'auto-emploi et de l'entrepreneuriat des femmes dans le contexte particulier du Bénin.

Les résultats obtenus montrent que l'histoire de l'entrepreneuriat féminin au Bénin remonte à la période de la traite des esclaves, avec notamment l'implication des femmes dans le secteur agricole et leur rôle prépondérant dans la commercialisation du palmier à huile. Toutefois, dans la période coloniale, la dynamique entrepreneuriale des femmes a été ralentie par des réformes engagées dans le secteur économique et dont la vocation était de valoriser le travail masculin au détriment de celui féminin. Au lendemain des indépendances, les femmes joueront néanmoins un rôle majeur dans l'animation des marchés locaux et internationaux et la commercialisation des produits vivriers et manufacturiers et plus généralement dans le tissu économique de leur pays. La crise sociopolitique et économique des années 1980 a eu pour conséquence l'aggravation des discriminations sociales basées sur le genre et la réduction systématique des opportunités d'auto-emploi chez les femmes.

Ce n'est qu'à partir des années 1990, que les gouvernants du Bénin ont véritablement manifesté un intérêt pour la promotion de l'entrepreneuriat féminin. Depuis lors, de nombreuses politiques publiques ont été mises en œuvre en vue de renforcer l'autonomisation des femmes. C'est notamment le cas de : la Politique Nationale de Promotion du Genre ; l'Institut National de Promotion de la Femme ; le Programme Spécifique à l'Emploi des Femmes au Bénin, etc. De l'opérationnalisation de ces politiques publiques en faveur de l'entrepreneuriat féminin, il convient toutefois de préciser que d'importants efforts méritent encore d'être réalisés afin d'obtenir des micro, petites et moyennes entreprises féminines durables et qui contribuent pleinement au développement du Bénin.

CHAPITRE 2

FORMATION À LA CULTURE ENTREPRENEURIALE ET TYPOLOGIE DES SECTEURS D'INTERVENTION DES FEMMES ENTREPRENEURES AU BÉNIN

Introduction

Ce chapitre propose de discuter de la formation des femmes à la culture entrepreneuriale et des principaux secteurs d'activité dans lesquels elles opèrent. Pour promouvoir et favoriser l'émergence de l'entrepreneurship chez les femmes, il est nécessaire de les former à la culture d'entreprise. La formation des femmes à la culture entrepreneuriale vise à les aider à développer leur esprit d'initiative, leurs compétences managériales et à les booster dans leurs projets de création d'entreprises. La culture entrepreneuriale vise en effet à transmettre :

- des valeurs entrepreneuriales telles que l'adaptabilité, la flexibilité, la créativité, l'ingéniosité, la débrouillardise et l'innovation ;
- des savoir-faire et des savoirs-être qui s'incarnent chez les futurs entrepreneurs par des caractéristiques individuelles comme la passion, l'accomplissement personnel, la prise de risque, la confiance en soi, la capacité d'adaptation et les habiletés sociales ;
- des outils pratiques polyvalents (Dubé *et al.*, 2017).

Le concept de culture entrepreneuriale reste toutefois flou car il recouvre des réalités diverses dans la mesure où il vise pour certains à dynamiser l'esprit d'entreprise (OCDE, 1998) alors qu'il mobilise l'esprit d'entreprendre pour d'autres (Léger-Jarniou, 2008). C'est sous ce dernier angle que la question de la culture entrepreneuriale est traitée dans ce chapitre qui s'intéresse également aux principaux secteurs d'activité dans lesquels opèrent les femmes entrepreneures.

Dans la plupart des pays francophones subsahariens, il existe peu d'entreprises, notamment de grandes tailles. Au Bénin, par exemple, 98 % des entreprises sont individuelles (RGE, 2010). Plusieurs raisons sous-tendent cette situation. Selon Hien (2002), certaines caractéristiques culturelles africaines seraient incompatibles avec l'esprit d'entreprise. Dans la littérature, de nombreux travaux de recherche se sont intéressés aux effets de la culture sur l'activité entrepreneuriale (Freytag et Thurik, 2010). De nombreuses recherches montrent l'existence d'un lien entre, d'une part, les valeurs et les croyances de l'individu et, d'autre part, son comportement. L'approche par l'agrégation des traits psychologiques de Davidson (1995) soutient, par exemple, que plus il y a d'individus dont les valeurs sont entrepreneuriales, plus est élevé le nombre d'individus au comportement entrepreneurial (Thurik et Desjardins, 2012). Dès lors, le développement économique durable passe nécessairement par le développement d'une véritable culture entrepreneuriale assurant ainsi un développement endogène croissant et une plus grande création de richesse. Une société, qui désire plus d'entrepreneurs pour assurer sa survie et sa croissance à long terme, doit donc travailler à développer d'abord la culture entrepreneuriale dans son milieu. La culture entrepreneuriale contribue aussi à une plus grande création de richesse (Fortin, 2004).

Il importe néanmoins de préciser que les femmes opèrent dans des secteurs d'activité particuliers, qu'il s'agira ici de présenter, de même que les contraintes sociales, économiques, politiques et juridiques qui influent sur la participation des femmes dans la sphère économique.

2.1. Femme entrepreneure : quel processus d'émergence ?

Un entrepreneur peut être défini comme quelqu'un qui agit non en fonction des ressources qu'il contrôle actuellement, mais qui poursuit inlassablement une occasion (Timmons, 1994). C'est, avant tout, celui qui perçoit une opportunité de profit, autrement dit, un échange mutuellement avantageux non encore exploité par les agents sur le marché (Kirzner, 1973, 2005). L'entrepreneur soutient la croissance de la production parce qu'il révèle de nouveaux usages et/ou informe des mauvais usages des ressources existantes. La capacité cruciale de l'entrepreneur est donc d'être le premier à percevoir, dans les interstices du système de production actuelle, les situations potentielles où existent des occasions d'offrir aux autres la possibilité de réaliser ce à quoi ils aspirent, dans des conditions d'échange supérieures à celles dont ils avaient jusqu'à présent connaissance (Kirzner, 1973). Dès lors, pour réussir en entrepreneuriat, il est particulièrement important d'avoir les qualifications et compétences requises pour identifier et saisir les opportunités, reconnaître à temps les difficultés et réagir aux échecs (OCDE et LEED, 2012).

Comment les femmes acquièrent-elles les savoirs et savoir-faire nécessaires au développement d'initiatives entrepreneuriales au Bénin ? Comment deviennent-elles entrepreneures ? Existe-t-il des écoles ou des centres de formation à l'entrepreneuriat ? Quel est le niveau d'instruction des femmes entrepreneures ? Voilà autant de questionnements auxquels cette section tente d'apporter des éléments de réponses.

2.1.1. Initiation à la culture entrepreneuriale

Dans le secteur de l'entrepreneuriat, l'apprentissage du métier, que ce soit dans les entreprises commerciales, artisanales ou dans l'hôtellerie et la restauration, est obligatoire. Les femmes chefs d'entreprise sont unanimes : « *Il faut apprendre son métier.* » L'apprentissage par la pratique constitue le principal système par lequel les filles sont éduquées à l'entrepreneuriat (Robertson, 1990). Les travaux de Boutillier s'inscrivent également dans cette perspective, car l'auteur met en évidence l'importance des stages de formation à la création d'entreprise (Boutillier, 2008).

La triangulation des informations révèle que les jeunes filles apprennent le métier en aidant un membre de la famille (mère, tante, sœur, tutrice) à vendre au marché. Une commerçante dont le commerce prospère peut ainsi avoir plusieurs filles à son service, non pas parce qu'elle a besoin d'un grand nombre de personnes, mais parce que plusieurs parents désirent que leurs filles soient initiées au métier de l'entrepreneuriat auprès d'elle. Les filles en apprentissage développent ainsi au fil des années des aptitudes à exercer les activités commerciales, par la maîtrise du fonctionnement des acteurs en amont et en aval dans les filières d'intervention.

L'apprentissage à l'entrepreneuriat se fait en tenant compte de la division sociale du travail selon le sexe. Dans la coutume de l'ethnie Ga (Ghana), la séparation des sexes commence par le système résidentiel. Les garçons et les filles sont logés séparément, dans le but de les initier aux activités se rapportant à leur sexe. Dans bien de cas, les activités commerciales sont exercées de génération en génération (Onibon, 1995) ; parfois depuis deux, trois, voire quatre générations. À partir du cas des femmes commerçantes de tissus des villes de Lomé et de Sokodé au Togo, Cordonnier (1987) soutient ce point de vue de vue en démontrant comment cette pratique entrepreneuriale est perpétuée dans le temps et dans l'espace grâce à l'apprentissage. Il explique que les femmes de la ville de Sokodé au centre du Togo vont à Lomé apprendre le métier de vente de tissu en servant comme domestiques auprès de femmes commerçantes. Plus tard, elles s'installent dans leur localité d'origine où elles parviennent à mener efficacement la même activité, grâce aux connaissances et aux aptitudes qu'elles ont acquises lors de leur initiation chez leurs « patronnes » à Lomé.

Au Bénin, les femmes entrepreneures, quelles que soient leurs catégories sociales, se définissent également comme étant *« allées à l'école du marché »*, une manière de signifier qu'elles apprennent le métier par la pratique.

Encadré 1

« J'ai appris le commerce des mèches auprès de ma tante alors que j'étais encore toute petite. Je devais avoir 12 ans. Chaque matin, je l'accompagnais au marché et me chargeais de balayer la boutique, d'installer les produits et de servir ou d'emballer les mèches vendues aux clients. Auprès de ma tante, j'ai

ainsi appris pendant plus d'une dizaine d'années les rouages de ce commerce avant qu'elle ne m'aide à ouvrir ma propre boutique. Au début, la boutique était toute petite, mais grâce aux circuits commerciaux que ma tante m'a permis de connaître lorsque j'étais avec elle, j'ai développé mon propre réseau d'achat et de vente, ce qui m'a aidée aujourd'hui à avoir une grande boutique. »

Entretien avec Awa, 70 ans, mariée non scolarisée, vendeuse de mèches, formée par sa tante (Parakou) 2017.

À l'instar d'Awa qui a appris par la pratique le métier d'entrepreneur, Rachelle a été également initiée à l'entrepreneuriat par de proches parents.

Encadré 2

« Dans ma famille, le commerce de bijoux se transmet de mère en fille. Ma mère a hérité cette activité de ma grand-mère, mes tantes et ma mère en ont fait autant. Pendant que j'étais encore élève, j'aidais ma mère à vendre au marché les week-ends, les jours fériés, pendant les vacances et même pendant mes heures libres en pleine année scolaire. À force d'aider ma mère, je n'ai pas tardé à prendre goût à cette activité. Bien que je fusse scolarisée, il n'y avait pas de doute que je ne réaliserais pas le vœu de mon père : celui d'exercer un emploi moderne et plus précisément d'être secrétaire de direction. Les choses se précisèrent très tôt après mon bac. Grâce à l'appui de mes beaux-parents, je finis par m'installer à mon propre compte et depuis, je vends aussi des bijoux ».

Entretien avec Rachelle, titulaire d'un baccalauréat G1, Cotonou, 2017.

L'analyse du parcours de ces deux femmes qui ont des activités dans le commerce montre que celles-ci ont travaillé au début de leur carrière avec d'autres personnes dans le cercle familial (la mère, les tantes, les sœurs et les cousines) avec des proches. Cette observation a été faite au sein de toutes les générations d'entrepreneurs sans distinction du niveau d'instruction et de l'activité. Avant de s'installer, il faut absolument acquérir les connaissances nécessaires à la profession.

Certaines femmes appartenant à des familles de tradition marchande grandissent en observant leurs grands-mères, leurs tantes, leurs mères exercer cette activité qui finit par « *leur coller à la peau* », faisant ainsi partie de leur vie.

Encadré 3

« Depuis l'âge de 15 ans, j'accompagnais ma mère et mes tantes à Eko au Nigeria pour les aider à acheter des produits de la contrebande et à les revendre au marché de Ouando à Porto-Novo. Les weekends et les périodes de vacances étaient pour moi des instants de joie, car je me plaisais à aider mes parents à vendre au marché. J'ai ainsi appris à connaître le marché et son fonctionnement. Vu que les études ne me réussissaient pas, j'ai alors choisi de continuer dans le secteur du commerce en m'intéressant à la mercerie. Aujourd'hui, je suis autonome et je travaille à mon propre compte. »

Entretien avec Roukiyatou, 46 ans, Yoruba de Porto-Novo, 2017.

Dans les entreprises commerciales à partir du moment où les enfants grandissent, l'apprentissage commence. Les plus grandes sont sollicitées par la responsable pour l'aider dans diverses tâches (notamment l'approvisionnement, le stockage et la vente des produits) afin de leur faire connaître les différents circuits. Ainsi, lorsque celles-ci sont en âge de s'installer, et qu'elles choisissent de faire carrière dans le métier, elles sont assurées du soutien de leur mère tant au niveau du capital nécessaire qu'au niveau de l'intégration des réseaux marchands. Non seulement elles bénéficient de l'aide financière, mais aussi et surtout de ses relations dans le milieu. L'apprentissage au sein de la famille constitue ainsi un mode important de transmission du savoir-faire, et en même temps un moyen d'élargissement de l'emprise des entreprises féminines.

Lorsque la fratrie est nombreuse comme c'est souvent le cas au Bénin, il se crée un nouveau réseau dont le noyau dur est formé par les membres de la famille. Les filles sont orientées dans des secteurs d'activité qui sont soit les mêmes ou qui se complètent. Les filles de Ibitayo, une des pionnières des femmes d'affaires, interviennent aujourd'hui dans quatre principales filières, à savoir ; la restauration, le tourisme, l'exportation et la confection de tissu coton afin de promouvoir les valeurs culturelles du Bénin. S'insérant dans le réseau international créé par leur mère qu'elles ont redynamisé, elles ont fini par conquérir le marché international en s'implantant au Bénin, en France, en Afrique du Sud et aux États-Unis. Elles ont ainsi créé un groupe fonctionnel dont la mère organise les activités à la base qui est Cotonou. Cet exemple n'est pas le seul dans le positionnement des enfants dans différentes branches de la même filière pour étendre l'emprise de l'entreprise. Nous pouvons citer aussi le cas de **Sophie**, importatrice de bijoux, restauratrice et codirectrice d'un complexe scolaire. Quatre des enfants de Sophie interviennent dans le commerce du prêt-à-porter (à Abidjan), les produits alimentaires (à Paris), la restauration (au Sénégal) et la vente de bijoux (à Cotonou), et l'un gère le Collège d'enseignement secondaire créé par le couple dans la ville de Cotonou.

Outre cette forme pratique d'initiation à l'entrepreneuriat, il est nécessaire de mentionner que la culture entrepreneuriale peut être également inculquée aux futurs entrepreneurs par des méthodes pédagogiques particulières. À cet effet, la création d'un environnement pédagogique qui façonne la personnalité des futurs entrepreneurs à partir d'une approche entrepreneuriale de l'enseignement supérieur (Fayolle, 1999) dans la perspective de passer d'une société de managers à une société d'entrepreneurs (Naisbitt, 2007) s'avère inéluctable. Gibb a défini en 1992 un modèle entrepreneurial d'apprentissage toujours d'actualité. Ce modèle repose sur :

- l'apprentissage réciproque des uns par les autres (et pas seulement de l'enseignant),
- l'apprentissage à la pratique (*learning by doing*),
- l'apprentissage par les échanges interpersonnels et le débat/discussion,
- l'apprentissage par la découverte guidée,
- l'apprentissage par les réactions de personnes différentes et nombreuses,
- l'apprentissage dans un environnement flexible et informel,
- l'apprentissage sous la pression liée à la nécessité d'atteindre des objectifs,
- l'apprentissage en empruntant aux autres,
- l'apprentissage par essais/erreurs,

– l'apprentissage en résolvant des problèmes – découverte guidée – (Léger-Jarniou, 2008).

Il s'agit donc de mettre en œuvre un Processus Éducatif et Pédagogique Entrepreneurial (PEPE) dans l'enseignement supérieur afin de favoriser et de développer un esprit d'entreprise et de leadership auprès des étudiants et avoir des effets et des répercussions sur le long terme tant sur leur façon d'agir et de se comporter que sur la possibilité d'insuffler un « savoir devenir entrepreneurial » tout au long de leur vie. Ce modèle a pour vocation de favoriser le développement d'un savoir devenu entrepreneurial aboutissant à l'esprit d'entreprendre, au moyen d'une pédagogie basée sur le *learning by doing*, tout au long de la scolarité de l'étudiant et s'exerçant sur différentes situations et dans différents contextes, pour permettre à l'étudiant de rechercher en permanence, par le biais de la créativité et l'innovation, des réponses nouvelles aux problèmes qu'il peut rencontrer (Abihona et Ogouwalé, 2017). Un tel modèle d'intégration de l'éducation entrepreneuriale dans l'enseignement supérieur est actuellement en cours d'expérimentation dans les curricula de formation à l'Université d'Abomey-Calavi au Bénin.

Il convient donc de retenir qu'en dehors de l'initiation pratique à l'entrepreneuriat, très répandue dans le contexte particulier du Bénin, les femmes peuvent être aussi formées à l'auto-emploi dans le système classique de formation scolaire et universitaire.

2.1.2. Durée de la formation des femmes à l'entrepreneuriat

La durée d'apprentissage des femmes à l'entrepreneuriat varie selon l'âge des femmes au moment où elles apprennent et de la disponibilité des fonds à investir. Pour une fille non scolarisée ou très tôt déscolarisée qui aide un membre de sa famille, la durée de l'apprentissage est plus longue. Dans ce cas, après quelques années et quand le moment du mariage approche, les « patronnes » permettent à leur fille de commencer par gagner de l'argent afin d'épargner une grande partie du capital qui sera nécessaire à son installation. Les jeunes femmes sont alors autorisées à faire leur propre marge sur les prix fixés par les « patronnes ». Ces gains variables, en fonction de la position de celle-ci dans la hiérarchie du circuit de distribution (grossiste, demi-grossiste, détaillante), de la pression sur le produit (demande forte ou faible), sont accumulés à travers la participation aux groupes de tontines.

La situation est différente pour les autres femmes qui viennent aux affaires avec leur capital de départ. La durée de l'apprentissage est généralement beaucoup plus courte pour ces dernières. Cette situation résulte principalement du fait que la période d'initiation à l'entrepreneuriat constitue pour la majorité des filles une période au cours de laquelle elles mobilisent les fonds nécessaires pour s'installer à leur propre compte. L'accumulation de ces ressources financières se fait le plus souvent par le biais des groupes de tontines ou de l'épargne auprès de la patronne ou d'une personne de confiance. Au Bénin, tout comme dans la plupart des pays d'Afrique subsaharienne, la tontine en tant que pratique non officielle et informelle de financement solidaire et réciproque (Djeudja, nd) ou modèle de microfinance informelle (Favreau, 2003) apparaît comme un instrument extrêmement souple qui remplit de nombreuses fonctions financières mais aussi des fonctions sociales. C'est d'abord à la fois un instrument de crédit et un instrument d'épargne (Ould-Ahmed *et al.*, nd) qui permet aux futures entrepreneures de commencer petitement la mobilisation des ressources financières nécessaires au démarrage de leurs activités commerciales.

Alors que dans certaines cultures, comme, par exemple, les Ga du Ghana, l'apprenti n'a pas le droit de gagner sur le dos de sa patronne ni d'épargner (Cordonnier, 1987), il est unanimement admis au Bénin que les jeunes femmes qui aident à vendre au marché doivent avoir des moyens pour subvenir à leurs besoins personnels et préparer leur mariage et leur installation. Souvent, elles sont aidées par leur patronne qui leur donne des facilités et « ferme les yeux » sur ses bénéfices tant qu'il n'y a pas vol de marchandises. La totalité des femmes interviewées qui ont servi à un moment ou à un autre sous la tutelle d'une « patronne » affirment avoir épargné une partie de leur capital de départ à cette époque.

Dans le secteur artisanal, l'apprentissage du métier est aussi obligatoire. L'apprentissage dans le secteur de l'artisanat a connu une révolution depuis quelques années avec l'installation dans les principales villes du Bénin de centres professionnels d'apprentissage. Ces centres, agréés par les structures administratives compétentes, délivrent les diplômes conjointement avec le ministère de l'Éducation nationale. Les premières femmes qui ont fait des hautes études dans les instituts à l'extérieur du pays ont profité de cette ouverture pour s'installer et s'imposer aujourd'hui dans le domaine de la formation professionnelle, principalement en couture et en coiffure.

2.1.3. Motivations des femmes entrepreneures

La femme entrepreneure peut être définie comme « la femme qui, seule ou avec un ou des partenaire(s), a fondé, acheté ou accepté en héritage une entreprise, qui assume tous les risques et responsabilités financières, administratives et sociales et qui participe quotidiennement à sa gestion courante » (Dina Lavoie, 1988). Les motivations des femmes entrepreneures peuvent être classées en deux principales catégories :

- les motivées *pull* : ce sont des entrepreneures mues par le désir de profiter d'une bonne occasion d'affaires, qui ont d'autres choix professionnels et pour qui l'entrepreneuriat est un choix (attirées par l'entrepreneuriat – facteurs *pull*) ;
- et les motivées *push* : il s'agit des femmes qui ont choisi d'entreprendre par nécessité afin de sortir du chômage ou sont profondément insatisfaites de leur emploi et n'ont d'autre possibilité que de créer cette entreprise pour avoir leur emploi – poussées à l'entrepreneuriat – facteurs *push* – (Hughes, 2006).

La triangulation des données de terrain révèle que les motivations des femmes entrepreneures béninoises peuvent être classées en tenant compte de leurs catégories sociales. Le premier groupe est constitué de femmes instruites qui, au terme de leur formation, se sont investies dans l'entrepreneuriat ou l'auto-emploi parce qu'elles avaient l'opportunité de bénéficier de facilités de financements ou d'approvisionnement. Le second groupe est composé d'anciennes salariées de la fonction publique (institutrices, secrétaires ou employées de bureau, employées d'institutions bancaires, etc.), qui, à un moment donné de leur carrière, ont dû abandonner leurs professions pour faire du négoce. Le troisième groupe est composé de filles de commerçantes, qui se sont volontairement déscolarisées pour emboîter les pas de leur mère. Elles sont souvent scolarisées jusqu'au niveau secondaire, écrivent et s'expriment bien en français. Elles apprennent aussi le métier au marché, avant de s'installer à leur propre compte. Le dernier groupe est constitué des femmes de la nouvelle génération, qui ont fait des études supérieures de comptabilité, d'actions commerciales, de gestion des entreprises afin de reprendre en main les affaires de leurs parents. Ces jeunes femmes ont des formations spécifiques qui leur permettent de se professionnaliser. Contrairement à leurs mères qui « *sont allées à l'école du marché* », elles apprennent les règles du métier et le fonctionnement des échanges ainsi que la tenue d'une entreprise. Un cas qui nous semble intéressant à signaler à cet effet est celui de Adidjath, conseillère de l'administration scolaire et universitaire, qui, bien que travaillant déjà dans un lycée à Paris, a décidé de démissionner pour suivre une formation d'initiation à la création et la gestion de l'entreprise avant de créer son entreprise dans le domaine du tissage. Elle explique cette décision de renoncer à un emploi durable pour s'investir dans l'auto-emploi par les nombreuses opportunités d'affaires qu'offrait l'Hexagone par rapport au commerce des pagnes tissés dont elle avait acquis un savoir-faire dans la fabrique depuis le Bénin mais aussi par sa volonté d'être autonome et indépendante.

Les motivations des femmes béninoises à entreprendre varient donc du besoin de réalisation personnelle/d'autonomie, de la passion, de la découverte d'opportunité, du besoin de reconnaissance, du chômage, au besoin de flexibilité/concilier vie de famille et vie professionnelle (Gbaguidi *et al.*, 2017).

Par ailleurs, l'analyse du corpus empirique permet de retenir qu'au Bénin, les femmes sont amenées à entreprendre par nécessité (push) afin de subvenir à leurs besoins et à ceux de leurs familles. Ce résultat confirme bien les travaux de Boutillier selon lequel les facteurs « emploi » et « raisons économiques » sont primordiaux dans l'entrepreneuriat (Boutillier, 2008). Dans cette même perspective, la logique entrepreneuriale socio-émancipatrice sous-tendue par l'idée selon laquelle les femmes entreprennent non seulement pour elles-mêmes, mais que cette expérience devra leur permettre d'être un véritable vecteur de l'épanouissement de nombreux individus – famille, clients, jeunes, femmes, porteurs de projets, etc. – (Lebègue, 2015) reste donc d'actualité. Il apparaît donc que l'entrepreneuriat de ces créatrices de toutes petites entreprises est engagé et engageant. De fait, il s'inscrit dans une quête de sens, laquelle implique d'approfondir le travail sur l'intention et la vision du projet durant l'accompagnement.

Une analyse comparative des motivations des femmes et de celles des hommes permet de remarquer que les motifs des hommes sont parfois contradictoires par rapport à ceux des femmes. La différence dans les motivations se situerait au niveau des ambitions personnelles (Kirkwood, 2003). Les motivations des femmes à entreprendre seraient plus liées à des dimensions intrinsèques, ce que certains auteurs considèrent comme des motivations « moindres » comparativement à celles de leurs homologues masculins. À cela s'ajoute le fait que les motivations des femmes peuvent être en partie différentes, en raison des charges accrues résultant de la conciliation travail-famille (Carrier *et al.*, 2006).

2.2. Particularités de l'entrepreneuriat féminin au Bénin

L'entrepreneuriat féminin au Bénin revêt des caractéristiques spécifiques qu'il convient de mettre en évidence afin de mieux comprendre le contexte dans lequel opèrent les femmes entrepreneures au Bénin. À cet effet, les domaines d'intervention prioritaires des femmes entrepreneures, les formes juridiques des entreprises féminines ainsi que les conditionnalités de l'entrepreneuriat féminin au Bénin seront décrits dans cette secte.

2.2.1. Domaines d'intervention prioritaires des femmes entrepreneures au Bénin

Le Bénin comptait, en 2010, 83 686 entreprises recensées sur toute l'étendue du territoire national. L'analyse du domaine d'activité des entrepreneurs révèle la faiblesse du secteur secondaire dans l'économie béninoise. En effet, les unités de production industrielles représentent seulement 0,33 % des entreprises recensées en 2010. En général, les entrepreneurs béninois âgés de 15 à 64 ans entreprennent plus fréquemment dans l'artisanat (50,20 %) et le commerce (42,73 %). Le graphique 1 ci-après présente la prédominance des secteurs d'activité des entrepreneurs béninois.

Graphique 1 : *Prédominance des secteurs d'activité*

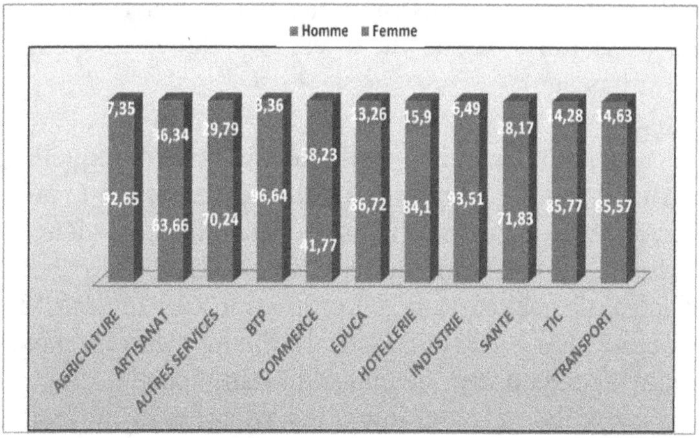

Source : RGE, 2010

Toutefois, il existe une disproportion dans les activités économiques développées par les femmes et les hommes du fait de certaines réalités culturelles ou encore du manque d'instruction.

Comparativement aux hommes, les femmes sont plus représentées dans le commerce que les hommes avec une proportion de 58,23 % et 41,77 % respectivement. Elles sont moins présentes dans l'artisanat (36,34 %), la santé (28,17 %) et les autres services (29,79 %) et sont très rares dans les bâtiments et travaux publics (3,36 % seulement), l'industrie et l'agriculture (13,84 %). On rencontre seulement 1 femme chef d'entreprise sur 7 dans les secteurs tels que la santé, les transports, les TIC, l'hôtellerie, etc. L'entrepreneuriat féminin est quasi inexistant dans le transport, l'agriculture et dans le bâtiment et les travaux publics, secteurs généralement considérés comme exclusivement masculins. Ces résultats montrent une division sexuelle des secteurs d'entrepreneuriat au Bénin d'une part et d'autre part ils s'expliquent par la construction sociale des relations de genre (division sexuelle du travail inculquée aux enfants dès leur bas âge).

La norme masculine implicite autour de laquelle se construit la notion d'entrepreneuriat est mise en évidence et dénoncée : le positionnement des individus dans des catégories sexuées conduit à reproduire dans la recherche l'inégalité des sexes et la subordination des femmes dans la société (Ahl, 2006). En étudiant l'entrepreneuriat comme un phénomène social dans une société structurée autour de valeurs masculines, les chercheurs ne peuvent que conforter les conditions normatives dominantes et juger l'entrepreneuriat des femmes en conséquence (Calás, Smircich et Bourne, 2009).

Au-delà de cette configuration sexuelle des entrepreneurs, les données du recensement général des entreprises (RGE) (2010) ont mis un accent particulier sur la forme juridique des entreprises.

2.2.2. Forme juridique des entreprises au Bénin

La forme juridique des unités de production révèle que l'écrasante majorité des entrepreneurs (97,76 %) entreprend de façon individuelle (INSAE, RGE2, 2010). Cette forme d'entreprise représente 99 % de celles dirigées par les femmes. Le reste (2,24 %) compte pour les autres formes d'entreprise dont les sociétés à responsabilité limitée (SARL), les sociétés anonymes (SA) (INSAE, RGE2, 2010).

De cette catégorisation, il est à noter que le déficit de confiance très élevé au Bénin, combiné à la faiblesse des institutions, expliquent en grande partie la prédominance des entreprises individuelles (Fehr et Gächter, 2000 ; Fehr et Fischbacher, 2002 ; Bratton *et al.*, 2003 ; Fehr, Klein et Schmidt, 2007 ; Nunn et Wantchékon, 2008). En effet, en l'absence de confiance interpersonnelle, la coopération entre les individus engendre des coûts très élevés pour le contrôle contre la défaillance. Seules des institutions étatiques fortes et partiales permettent de limiter ces coûts et réduire les risques de coopération (Arrow, 1974).

En outre, la distribution par sexe au sein de ces formes d'entreprise donne des résultats un peu mitigés. Dans toutes les branches d'activité, ce sont les hommes qui dirigent le plus d'entreprises que les femmes. Ainsi, parmi les entreprises individuelles, les femmes détiennent 45,4 % des unités. Viennent ensuite les entreprises de groupement d'intérêt économique – 42,5 % – (INSAE, RGE 2, 2010). Cependant, il convient de préciser que cette situation n'est pas seulement propre au contexte béninois. Les travaux de Blanchard *et al.* montrent qu'en dépit de la hausse continue des taux d'activité des femmes au cours des trente dernières années, le marché de l'emploi continue d'être marqué par une très forte ségrégation horizontale et verticale en fonction du sexe dans tous les États membres de l'UE (Blanchard *et al.*, 2009).

2.2.3. Formalisation des entreprises dirigées par des femmes

Selon les estimations disponibles, au niveau mondial, entre un quart et un tiers des entreprises du secteur formel sont détenues et dirigées par des femmes (CNUCED,

2015). Dans l'ensemble, les entreprises dirigées par les femmes sont des entreprises qui opèrent dans le secteur informel. Elles ne disposent pas pour la grande majorité ni d'un numéro d'inscription au registre de commerce ni d'un numéro d'identification fiscale unique (IFU) ou encore d'un numéro INSAE. 97,9 % des femmes entrepreneures exercent ainsi dans le secteur informel alors que cette proportion est de 93,4 % chez les hommes contre une moyenne nationale de 95,4 %.

Une analyse plus approfondie des types d'activités selon le genre et la possession d'un numéro commercial (registre de commerce) aboutit à des résultats concluants. Dans tous les secteurs d'activité, les entreprises dirigées par les hommes sont pour la plupart inscrites au registre de commerce, tandis que celles ayant en tête une femme le sont moins. Ainsi, les plus importants sont les BTP, l'industrie, l'hôtellerie, le transport et les TIC. En revanche, une proportion très faible d'entreprises agricoles et artisanales dirigées par les femmes possède un registre de commerce.

La forme juridique de l'entreprise est aussi corrélée avec la formalisation. Ainsi, cette formalisation révèle que seulement 3,82 % des entreprises individuelles sont formelles.

Graphique 2 : *Forme juridique et formalisation de l'entreprise féminine en fonction du statut (% d'entreprises)*

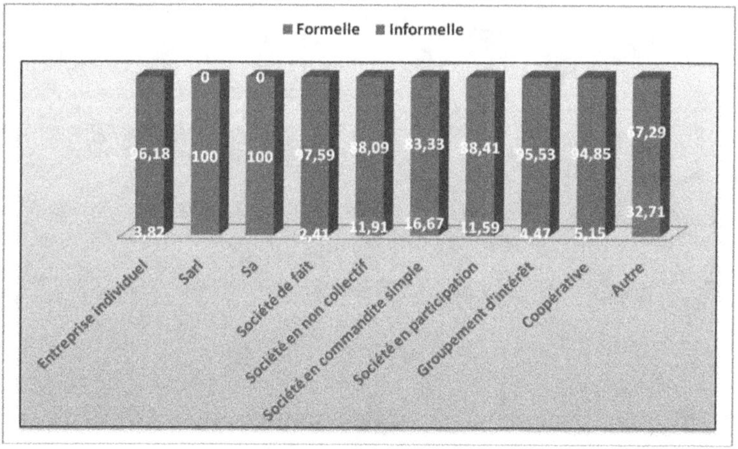

Source : Réalisé à partir des données du RGE (2010)

À part les SARL et les SA, toutes les autres formes juridiques d'entreprises dirigées par les femmes sont à majorité dans le secteur informel. Le graphique ci-après présente les résultats de l'analyse du statut du chef d'entreprise.

Graphique 3 : *Statut du chef d'entreprise selon le genre (% des chefs d'entreprise)*

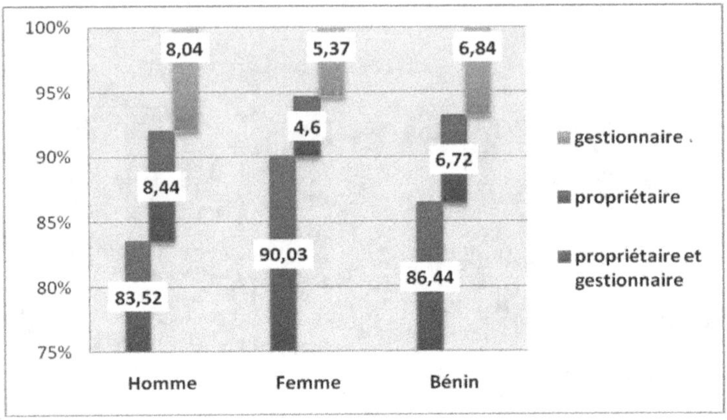

Source : Réalisé à partir des données du RGE (2010)

Ce graphique montre que les femmes accèdent à l'entrepreneuriat par la propriété d'une part, et qu'elles délèguent peu la gestion, d'autre part. En effet, 90,03 % des femmes entrepreneures au Bénin sont à la fois propriétaires et gestionnaires contre 86,44 % chez les hommes. De plus, nous observons un faible taux de chefs d'entreprise non propriétaires chez les femmes (6,84 % contre 8,44 % pour les hommes). On en déduit qu'en général, les entrepreneurs délèguent peu la gestion de leurs entreprises au Bénin et encore moins les femmes.

Pour ce qui concerne l'extension des activités des unités de production béninoise, on a constaté que les entreprises béninoises ne sont pas ouvertes au commerce extérieur, car seulement 0,73 % exporte une partie de leur production, tandis que seulement 1,6 % a une plate-forme portuaire dans le cadre du développement de leurs activités. Les entreprises dirigées par les femmes y sont plus concernées car 1 entreprise féminine sur 4 exporte une partie de sa production dont 16 % du milieu rural et 84 % du milieu urbain. Cette difficulté des femmes entrepreneures du Bénin à exporter leurs produits résulte de la complexité des procédures et des réglementations du commerce international et de la faible culture du développement des entreprises féminines à l'échelle régionale ou internationale.

Nous pouvons déduire de tout ce qui précède que les petites et moyennes entreprises (PME) représentent la source d'emplois la plus importante au Bénin (97,5 %) notamment chez les femmes (99 %). Le secteur privé béninois repose donc majoritairement sur les PME dont 44,8 % sont dirigées par les femmes. Badia *et al.* expliquent cette situation par le fait que les femmes sont nettement moins nombreuses que les hommes à entreprendre, et disposent d'une base capitalistique plus réduite pour démarrer leur activité, et sont nettement moins susceptibles de bénéficier de capitaux d'investissement privés ou de capital-risque. Des différences très nettes de réussite sont également identifiables selon le sexe : les femmes possèdent des entreprises plus petites, qui génèrent un chiffre d'affaires inférieur et présentent une croissance plus lente que celles de leurs homologues masculins (Badia *et al.*, 2013). De plus, les entreprises créées par les femmes emploient moins de salarié(e)s que celles de leurs homologues masculins et leur activité se concentre fortement dans les secteurs du tertiaire, du commerce ou du service à la personne (Blanchard *et al.*, 2009).

Dans la perspective de promouvoir le développement de l'entrepreneuriat féminin, des acteurs de développement du Bénin, comme l'État à travers le ministère des Affaires sociales et de la Solidarité nationale, des Handicapés et des Personnes de troisième âge, le ministère de la Microfinance et de l'Emploi des jeunes et le ministère des Petites et Moyennes Entreprises ; des partenaires techniques et financiers (PNUD, FNUAP, Coopération Suisse, Coopération danoise, etc.) et des ONG locales (comme CERADIS, YOD, PFID, etc.), s'investissent à faire de l'autonomisation de la femme le véritable levier stratégique pour la lutte contre la pauvreté.

Conclusion

Ce chapitre avait pour objectif de décrire comment les femmes sont initiées à l'entrepreneuriat ainsi que les principaux secteurs d'activité dans lesquels elles opèrent au Bénin. L'analyse du parcours des femmes révèle que la plupart de celles-ci n'ont pas reçu une formation professionnelle à l'entrepreneuriat. Généralement, elles sont devenues entrepreneures après avoir été formées par la pratique. De nombreuses femmes appartenant à des familles de tradition marchande ont ainsi construit leur carrière en observant leurs parents (grands-mères, tantes, mères, tutrices, etc.) exercer cette activité. La formation entrepreneuriale consiste, dans la plupart des cas, en une intégration des enfants, notamment les filles, à des systèmes traditionnels de formation, et ce, dès leur jeune âge. Cette forme d'apprentissage traditionnelle leur permet d'acquérir, aux côtés des femmes chefs d'entreprise, les aptitudes à exercer les activités commerciales, ainsi qu'une meilleure connaissance du marché d'approvisionnement et de distribution des produits. Néanmoins, il a été démontré que la combinaison de l'apprentissage traditionnelle et de la formation professionnelle en entreprise permet d'obtenir une génération moderne de femmes entrepreneures, qui exploitent à la fois les connaissances acquises dans les écoles et les expériences accumulées par la pratique.

Deux variables déterminent la durée de la formation à la culture entrepreneuriale chez les femmes : l'âge et la disponibilité des fonds à investir. La durée de l'entrepreneuriat est, en effet, plus longue pour les filles non scolarisées ou très tôt déscolarisées qui aident un membre de sa famille, mais moins longue chez des femmes plus âgées ou qui disposent déjà des ressources financières nécessaires au démarrage de leur activité entrepreneuriale.

Le commerce (56 %) et l'artisanat (41 %) constituent les principaux secteurs d'intervention des femmes entrepreneures. En revanche, celles-ci sont quasi inexistantes dans des secteurs comme les Bâtiments et travaux publics (BTP) (0,01 %), l'agriculture, les transports (0,01 %), l'industrie, les TIC (0,05 %), secteurs généralement considérés comme exclusivement masculins. La majorité des femmes entreprennent individuellement (97,76 %), ce qui dénote du taux élevé du déficit de confiance au Bénin et de la faiblesse des institutions. Enfin, il ressort de cela que 97,9 % des femmes entrepreneures exercent dans l'informel, alors que cette proportion est de 93,4 % chez les hommes.

CHAPITRE 3

DÉTERMINANTS DE L'ENTREPRENEURIAT FÉMININ

Introduction

L'économie de marché accorde une importance capitale à l'entrepreneuriat qui a un rôle de créateur de richesse et d'accélérateur de croissance. À ce titre, Baumol (1990) montre que si le nombre total d'entrepreneurs varie dans les sociétés, leur contribution à la croissance varie encore plus selon leur allocation dans le temps et l'espace, entre des activités plus ou moins productives selon les périodes et les cultures étudiées. L'entrepreneuriat consiste en effet en la capacité d'estimer sans arrêt les conditions et les circonstances économiques afin de percevoir des occasions d'affaires et de proposer de nouveaux produits et services, de meilleure qualité et moins chers. Selon le *Lexique de sociologie* (2013), la sociologie économique étudie les entrepreneurs en tant que groupe social disposant de certaines caractéristiques (diplôme, patrimoine, trajectoire sociale), dotés d'un certain « habitus » (goût du risque, aptitudes relationnelles), insérés dans un réseau, un contexte social, un cadre juridique. Selon Pierre-Paul Zalio cité par la même source, la figure de l'entrepreneur se construit au croisement de plusieurs mondes sociaux, et l'activité entrepreneuriale consiste notamment à mettre en relation des sphères sociales hétérogènes (technologie, marketing, gestion des ressources humaines, territoires). Épousant ce point de vue, Uzunidis (2010) et Uzunidis *et al.* (2014) définissent l'entrepreneuriat comme le fruit de relations systémiques entre la politique publique, l'organisation économique, l'état du marché et le potentiel de ressources de l'entrepreneur. L'entrepreneuriat s'inscrit dans un processus de création de valeur et renvoie à l'esprit d'entreprendre à l'intérieur ou à l'extérieur d'une organisation existante (Dubé *et al.*, 2017).

La littérature révèle l'existence de trois courants de pensée majeurs sur l'entrepreneuriat féminin. L'approche fonctionnaliste s'inscrit dans une vision naturaliste des rôles sexués et considère les femmes comme moins aptes à entreprendre. Quant aux approches féministes de l'entrepreneuriat féminin, elles révèlent deux différents mouvements de pensée : le féminisme libéral et le féminisme social. Enfin, une dernière approche socio-constructiviste, plus récente dans le champ de l'entrepreneuriat féminin, constitue un changement de paradigme.

La plupart du temps, les femmes entrepreneures réorganisent les ressources économiques vers des usages à valeur ajoutée plus élevée. Elles innovent en cherchant de meilleurs processus de production et des façons de réduire les coûts. Elles sont ainsi à l'origine du dynamisme économique et de la capacité à répondre efficacement aux désirs des consommateurs et aux besoins d'autres producteurs et intermédiaires dans le marché. Les femmes entrepreneures sont dès lors une source de création de richesse et, de ce fait, un moteur de la dynamique économique. Néanmoins, il importe de préciser que les entreprises sont aussi productrices d'inégalité de genre, de classes sociales, de hiérarchies raciales et ethniques mais aussi de répression des mouvements sociaux, etc.

Il existe plusieurs approches d'analyse de l'entrepreneuriat dans la littérature, notamment l'approche par (i) les traits de la personnalité, (ii) l'approche démographique, (iii) l'approche environnementale et (iv) l'approche interactionniste. Récemment, une nouvelle approche reposant sur le rôle central de « l'intentionnalité » dans le processus d'émergence organisationnelle a été développée. Elle stipule que tout comportement intentionnel peut être prédit par l'intention d'avoir ce comportement. Ainsi, l'intention d'entreprendre peut s'expliquer par l'attrait que représente ce choix pour l'individu et de sa perception de la faisabilité du projet. Ce qui fonde les théories de l'action raisonnée (Ajzen, 1975 ; Ajzen et Fishbein, 1980) et du comportement planifié (Ajzen, 1985, 1987, 1991).

> L'approche d'analyse des traits de personnalité cherche à savoir ce qui différencie l'entrepreneur des autres acteurs de la vie économique. Ainsi ont été testés avec fortunes diverses et des résultats parfois contradictoires, le besoin d'accomplissement, la confiance en soi et le « locus of control », le goût pour l'indépendance et l'autonomie, l'aversion pour le risque (Ajzen, 1991).

Selon Ajzen (1991), Boissin *et al.* (2008), les modèles d'intention désignent trois groupes de facteurs pour expliquer la décision de création d'entreprises. Il s'agit des :

- **attitudes associées au comportement** qui sont inhérentes à l'existence d'une idée ou d'un projet de création plus ou moins formalisé ainsi qu'à la recherche d'informations ;

- **les normes subjectives** qui peuvent s'exprimer par le besoin d'accomplissement, la recherche de l'autonomie, la propension à la prise de risque et l'existence de modèles d'entrepreneur ;
- **des perceptions du contrôle comportemental** qui se constituent à partir de l'accumulation des capitaux humain et financier issus des expériences professionnelles et associatives, des programmes ou des formations en entrepreneuriat, de l'accessibilité des ressources financières, des informations et conseils.

Dans ce sens, les variables usuelles des tests empiriques de cette théorie sont : l'âge, le sexe, le statut, le niveau de « locus of contrôle », le besoin d'accomplissement et les attitudes envers les gens, les attitudes envers les institutions. Ces facteurs affectent la désirabilité et la faisabilité de la création d'entreprise, la prise de risque et l'existence de modèles d'entrepreneur.

3.1. Déterminants sociaux de l'entrepreneuriat féminin

L'analyse empirique de la décision de la femme d'entreprendre est basée sur un modèle binaire inspiré de l'approche de Yueh (2009). Ainsi, pour modéliser la décision d'entreprendre de la femme, nous considérons la spécification réduite suivante :

$$y_i = 1[\![y_i^* = \alpha + \beta X_i + \varepsilon_i > 0]\!] \quad (1)$$

Où y_i n'est pas observable et vaut 1 si l'individu déclare avoir un statut d'indépendant ou être à son propre compte pour son activité principale et 0 si non. X_i est un vecteur de caractéristiques individuelles observables de la femme.

Le vecteur des variables est composé : de *l'environnement institutionnel* (statut légal de l'entreprise) ; *des caractéristiques de l'entrepreneur* (l'âge, le sexe, le niveau d'éducation, la zone de résidence, le nombre d'enfants, le niveau de vie, le niveau d'instruction et la catégorie socioprofessionnelle des parents, les caractéristiques sociodémographiques liées à la présence éventuelle d'un conjoint) ; *des conditions économiques* (le secteur d'activité, la situation socio-économique du pays, le chômage ou le sous-emploi).

Nous considérerons ici que le seul revenu pris en compte dans la décision d'activité de la femme, en dehors du revenu salarial qu'elle obtient lorsqu'elle entreprend, est le revenu d'activité de son conjoint. Ceci revient à ne pas prendre en compte les diverses prestations sociales qui dépendent du revenu total du ménage et du nombre d'enfants. Ce choix est fait pour éviter les problèmes d'endogénéité du revenu non salarial des femmes. Remarquons : ne pas prendre en compte les autres allocations familiales – celles attribuées sans conditions de ressources dans la décision d'activité des femmes qui peut s'analyser comme si elles étaient incluses dans les composantes inobservées de la décision d'entreprendre ou non.

ε_i est la réalisation d'une variable aléatoire, supposée IID (identiquement et indépendamment distribuée), et résumant l'ensemble des caractéristiques individuelles non observables constantes pouvant regrouper l'expérience antérieure de l'entrepreneure, les motivations de l'entrepreneure, l'attitude face au risque, la situation sur le marché du travail, le capital social, etc. β est un vecteur de paramètres qui regroupe les coefficients associés aux variables explicatives observables. Dans ce cas, notre modèle qui ne les prend pas en compte pourrait s'apparenter à un modèle avec omission de variables et donc biaiser les estimations.

De façon plus spécifique, la décision de l'entrepreneuriat estimée est :

$$y_i = 1\left[\!\left[y_i^* = \alpha + \beta X_{eni} + \beta X_{cem} + \beta X_{cec} + \varepsilon_i > 0 \right]\!\right] \quad (2)$$

Où X_{eni} est le vecteur de variables explicatives liées à l'environnement institutionnel ; X_{cem}, celui des variables explicatives liées aux caractéristiques de l'entrepreneur ; X_{cec}, celui des variables explicatives liées aux conditions économiques.

Notre recherche est basée sur des données en coupe transversale. Nous ne disposons donc pas d'information sur les caractéristiques de l'individu ni sur son parcours professionnel avant l'enquête.

Les caractéristiques individuelles non observables, telles que les motivations de l'entrepreneur, les préférences, le poids culturel, le vécu personnel, l'attitude face au risque, la situation sur le marché du travail, peuvent fortement expliquer la décision d'entreprendre.

De même, la situation macroéconomique, notamment l'évolution du taux de chômage, au moment de la prise de décision d'entreprendre, peut influencer le choix de la femme entre une activité salariale et non salariale. En effet, les difficultés à trouver un emploi salarié en période de conjoncture non favorable peuvent inciter certaines femmes à s'orienter vers l'auto-emploi pour sortir du chômage, ce qui pourrait accroître sensiblement le taux d'entrepreneuriat. De même, une économie avec un secteur privé prépondérant offre plus d'opportunités aux demandeurs d'emploi réduisant ainsi les risques de chômage. Cette double causalité éventuelle entre l'entrepreneuriat et le chômage pose un problème d'endogénéité qui est à même de conduire à des estimations biaisées.

Nous avons adopté deux approches dans notre recherche pour résoudre ces problèmes. Il s'agit, d'une part, de l'estimation en deux étapes (Heckman, 1979) présentée plus amplement en annexe, et, d'autre part, de l'estimateur des variables instrumentales (Angrist-Krueger, 1991, 2001 ; Pearl, 2000 ; Heckman, 2008).

L'analyse des facteurs qui déterminent l'entrepreneuriat féminin a été faite à travers plusieurs variables comme :

- le lieu de résidence ;
- l'âge et le nombre d'années d'expériences ;
- le statut matrimonial de l'entrepreneure ;
- le nombre d'enfants dans le ménage ;
- le niveau d'instruction.

Le choix de ces variables s'explique par le fait qu'elles constituent des variables significatives du modèle d'analyse du Recensement général des entreprises au Bénin (INSAE, 2010).

3.1.1. Lieu de résidence

Le deuxième Recensement général des entreprises au Bénin (INSAE, 2010) a permis de saisir l'occupation ou la raison sociale des hommes et des femmes entrepreneurs des différentes branches d'activités à travers les douze départements que compte le Bénin. Cette étude a recensé 151 300 unités de production dont environ 43 % dirigées par les femmes. Le graphique ci-après présente la proportion d'individus actifs par département, par milieu et par sexe. Précisons ici qu'un entrepreneur est toute personne, chef d'unité de production, ayant pris part à l'enquête et qui a entre 15 et 64 ans pendant la période de l'enquête. Cette tranche d'âge est, en effet, la population active en vigueur, selon l'Organisation Internationale du Travail (OIT, 1998) et celle qui a été retenue dans le cadre de cette étude.

Graphique 4 : *Répartition des entrepreneurs recensés selon le département*

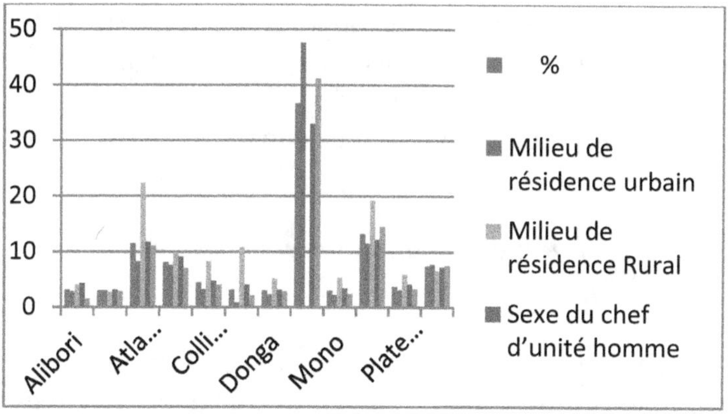

Source : Réalisé à partir des données du RGE (2010)

La lecture de ce graphique révèle que le département le plus urbain (le Littoral) est celui qui a enregistré plus d'entreprises dirigées par les femmes (41,1 % contre 33,03 % d'entreprises dirigées par les hommes). Le département de l'Ouémé vient en seconde position avec 14,5 % d'entreprises dirigées par des femmes contre 12,2 % pour les hommes. Les départements du Zou, de la Donga et de l'Atlantique ont presque les mêmes proportions de chefs d'entreprise par sexe. Par contre, dans le reste des départements du Bénin, on note plus d'hommes chefs d'entreprise que de femmes. Par ailleurs, il apparaît que l'entrepreneuriat féminin est plus favorable en milieu urbain que rural. Par exemple, dans le département du Littoral (département essentiellement urbain), les femmes entreprennent beaucoup plus que les hommes (41,1 % de femmes chefs d'entreprise contre 33 % d'hommes chefs d'entreprise). La tendance inverse s'observe dans le département de l'Alibori où 4,3 % des chefs d'entreprise sont de sexe masculin contre 1,5 % de femmes. De fait, les femmes sont plus portées à l'entrepreneuriat lorsqu'elles résident en milieu urbain. Le développement de l'entrepreneuriat en milieu urbain s'explique par les nombreuses opportunités qu'offrent les villes en termes d'accessibilité aux sources de financements, de diversification de l'économie, de facilité dans la création des entreprises et dans l'écoulement des produits.

3.1.2. Âge et nombre d'années d'expériences

Au Bénin, l'entrepreneuriat féminin est influencé par une variable comme l'âge. Comparativement aux hommes, les femmes n'entrent pas en entreprises au même moment. Le graphique ci-après présente les tranches d'âge du chef d'entreprise par sexe.

Graphique 5 : *Tranche d'âge du chef d'entreprise par sexe*
Réalisé à partir des données du RGE (2010)

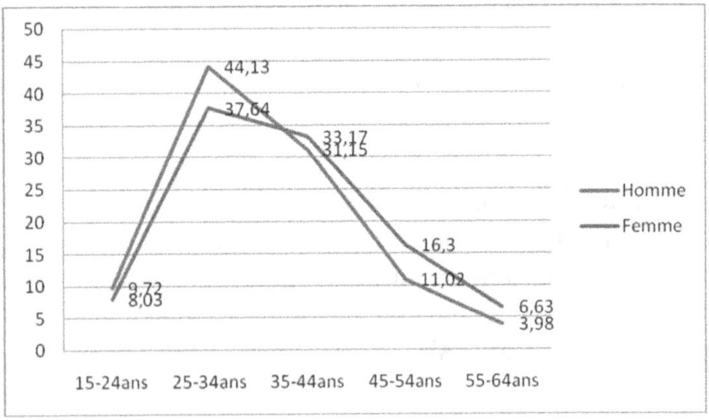

La répartition des chefs d'unités de production par sexe permet de dire qu'au Bénin, environ 45 % des entreprises sont dirigées par des femmes (cf. Tableau 2, en annexe). L'âge moyen des chefs d'entreprise est de 34,6 ans pour les hommes et de 36,6 ans pour les femmes. Cette différence, quoique faible, est statistiquement significative au seuil de 5 %. La tranche d'âge de 25 à 44 ans (25-34 ans et 35-44 ans) est la plus active alors que la tranche d'âge de 55 à 64 ans est beaucoup moins représentée tant pour les hommes que pour les femmes. Le graphique ci-après présente la courbe d'évolution du chef d'entreprise selon le genre.

Graphique 6 : *Âge du chef d'entreprise selon le genre*

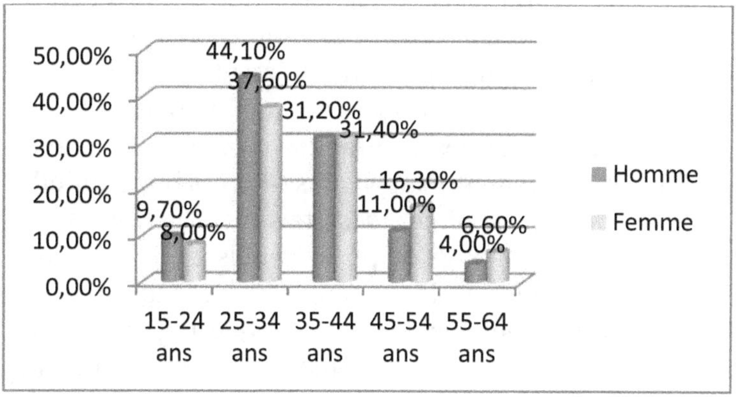

Source : Réalisé à partir des données du RGE (2010)

La répartition par tranche d'âge présente des allures irrégulières. Le graphique ci-dessus, présentant l'âge du chef d'unité selon le genre, indique que l'entrepreneuriat est une fonction croissante de l'âge jusqu'à 34 ans, quel que soit le sexe de l'entrepreneur. La courbe commence à baisser progressivement à partir de 35 ans. De plus, on constate que jusqu'à 35 ans d'âge (35-44 ans), la courbe des hommes se trouve au-dessus de celle des femmes, avant de s'inverser. Ces résultats montrent un effet positif et significatif de l'âge sur la probabilité d'entreprendre de la femme. En effet, la probabilité d'entreprendre des femmes béninoises croît avec leur âge. Les femmes âgées entre 15 et 34 ans entreprennent moins. Cela traduit le fait que les femmes commencent tard (à partir de 35 ans au moins) la création et la gestion des entreprises mais restent plus longtemps que les hommes. Ces résultats sont contraires à la théorie des firmes qui stipule que la motivation d'entreprendre diminue avec l'âge. Toutefois, lorsqu'on endogénéise l'emploi et qu'on contrôle le biais de sélection, l'âge cesse d'être déterminant dans la décision d'entreprendre. Nous déduisons que l'effet positif de l'âge sur l'entrepreneuriat obtenu avec les estimations Probit et Logit traduit plus la difficulté pour les jeunes femmes à avoir un emploi salarié qu'à entreprendre. Cette difficulté constitue la conséquence de la poursuite des études d'une part, et des contraintes de maternité d'autre part. Plus les filles sont jeunes, plus la probabilité qu'elles n'entreprennent pas pour des raisons de formations scolaires ou universitaires ou pour des raisons de maternité est élevée. En effet, la vie de couple confère aux femmes des obligations supplémentaires telles que l'augmentation du temps consacré aux tâches ménagères et la pression familiale pour avoir des enfants (Béguy, 2009). L'entrepreneuriat implique donc une plus grande liberté dans la gestion de l'agenda et cette totale maîtrise décisionnelle signifie que les femmes ne peuvent imputer la cause de leur absence à d'autres personnes (Lebègue, 2015). D'ailleurs le « *Rapport d'étude sur l'emploi des femmes au Bénin* » (2011) rapporte qu'« *une femme qui veut bien mener ses activités économiques et en jouir doit s'occuper d'abord et correctement de son mari et de ses enfants »*. Or, ces deux activités (emploi rémunérateur et entretien des enfants en matière de nutrition, de santé, d'éducation) peuvent se révéler concurrentielles pour ce qui est de l'éducation donnée aux enfants et de l'exercice d'activités économiques. L'entrepreneuriat implique pour les femmes de nombreux changements et contraintes dans la vie conjugale. C'est ce qui amènerait une frange importante de femmes à n'entreprendre qu'après l'âge de 35 ans. Les études menées sur l'entrepreneuriat féminin et analysant de façon spécifique le problème de la conciliation de la vie professionnelle avec la vie familiale mettent en exergue les difficultés que peuvent éprouver les femmes d'affaires en tant que mères de famille, en comparaison avec leurs homologues masculins (Schindehutte *et al.*, 2003). Il en résulte que la période de maternité influence le développement de l'entrepreneuriat féminin.

Par ailleurs, les femmes disposent généralement en moyenne de douze ans d'expérience professionnelle dans le domaine. Malgré un niveau d'instruction faible, les femmes actives justifient d'importantes expériences pouvant consolider leur savoir-faire. Cependant, nous n'observons pas de différence significative du nombre d'années d'expérience entre les femmes entrepreneures et celles qui n'entreprennent pas. Cela laisse penser, à ce stade d'analyse, que l'expérience n'influence pas la décision d'entreprendre.

3.1.3. Situation matrimoniale

La situation matrimoniale des femmes constitue également un facteur déterminant de leur capacité entrepreneuriale. Le graphique ci-après présente la répartition des femmes entrepreneures selon leur statut matrimonial.

Graphique 7 : *Entrepreneuriat féminin selon le statut matrimonial*

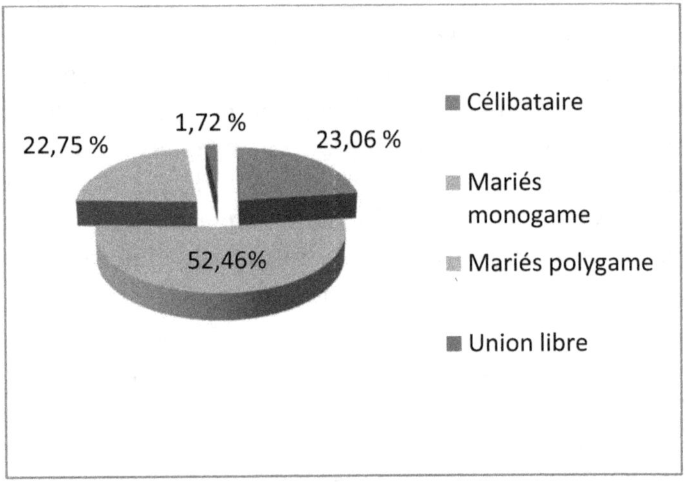

Source : Réalisé à partir des données du RGE (2010)

En effet, l'analyse de la situation matrimoniale des femmes entrepreneures au Bénin montre que 52,46 % des femmes actives sont mariées monogames contre 23 % célibataires. En outre, il ressort de la lecture de ce graphique que 27,75 % des femmes sont mariées polygames, tandis que 1,72 % vivent en union libre. Il en résulte que contrairement à la tendance généralement répandue, selon laquelle les femmes mariées à des polygammes seraient plus enclines à entreprendre, la majorité des femmes entrepreneures appartiennent à des couples monogamiques. Les unions libres, le célibat tout comme le mariage polygamique ne sont donc pas favorables à l'entrepreneuriat féminin. Pourtant, les travaux de Coquery-Vidrovitch (1994) réalisés chez les

Yoruba montrent que la quasi-totalité des épouses des polygames travaillent alors que les épouses dans les ménages monogamiques, presque exclusivement non yoruba, restent au foyer. Cette situation s'explique par les nombreux enjeux et défis auxquels les épouses des polygames sont confrontées. Dans certains contextes polygamiques, chaque femme afin de s'imposer, de retenir l'attention de son époux doit entreprendre afin de trouver les ressources financières et matérielles nécessaires, pour son entretien et la prise en charge de ce dernier (repas, habillement, argent de poche, etc.). Ce qui n'est pas le cas avec les épouses des monogames qui ne sont soumises à aucune rivalité de ce type.

3.1.4. Nombre d'enfants à charge dans le ménage

Les femmes entrepreneures ont en moyenne 1,81 enfant et vivent pour la majorité dans un ménage pauvre ou moyen (55,17 %). Elles ont généralement à charge près de 1,36 petit-fils et 1,5 neveu ou nièce. Il en découle donc que si le taux de naissance est réduit et contrôlé au niveau des femmes, il n'en demeure pas moins que le nombre d'enfants à charge au sein du couple reste en moyenne de cinq enfants du fait de la traditionnalité de la famille africaine, qui favorise le confiage d'enfants issus de la famille élargie (frères, oncles, tantes, cousins, etc.). Dans le cas d'espèce, les enfants sont souvent confiés à la chef d'entreprise afin qu'elle les initie à l'entrepreneuriat. Cette forme d'initiation à l'entrepreneuriat est également évoquée par Coquery-Vidrovitch (1994), lorsqu'elle montre que la dynastie des revendeuses du Togo est également constituée de femmes qui apprennent le métier, comme aides-revendeuses, par exemple, auprès d'une tante maternelle qui les a parfois fait venir de la campagne. Sans risque de se tromper, on peut donc déduire que la famille élargie constitue un facteur déterminant de l'entrepreneuriat féminin. C'est d'ailleurs pourquoi Birley (1995) soutient à juste titre que la famille et les amis sont, par exemple, très utiles, notamment lorsqu'il s'agit d'une implantation locale d'une entreprise particulièrement pour le choix des employés et la vente des produits ou des services. Comme le rapportent Rwenge Mburano, Njeri et Maina (2013), l'entrepreneuriat n'est donc pas un phénomène solitaire et autonome qui réussit à l'écart des aides et des déterminants familiaux. Pour débuter, les femmes entrepreneures s'appuient, souvent, sur les réseaux du père ou du mari ou, parfois, des expériences déjà en affaires et qui ont réussi.

Dans ce contexte, l'Organisation de Coopération et de Développement Économiques (OCDE, 2004) soutient que l'étude de l'entrepreneuriat féminin ne peut négliger le rôle des politiques familiales. L'analyse du processus entrepreneurial des femmes va en effet mobiliser des variables individuelles et familiales, mais aussi les spécificités liées aux caractéristiques de leurs entreprises et aux secteurs d'activité ainsi que les caractéristiques socio-économiques, culturelles, politiques et juridiques de leur pays d'origine (Constantinidis *et al.*, 2017). Les mesures axées sur la famille exercent un effet positif sur l'entrepreneuriat féminin, car elles permettent aux femmes de gérer plus librement leur temps, étant donné que ce sont essentiellement les femmes qui continuent de s'occuper des enfants. La diversification des possibilités de garde des enfants (crèches, enfants placés ou vidomégon, etc.) ou d'entretien des maisons permet aux femmes de gagner davantage de temps à consacrer à leurs entreprises. Toutefois, il convient de préciser que les résultats de la présente recherche montrent que lorsque la femme a plus de trois enfants à bas âge, sa capacité à entreprendre est réduite.

Dans cette perspective, on constate que la présence et le nombre d'enfants dans le ménage pénalisent l'entrepreneuriat féminin. En effet, le fait pour une femme d'avoir dans son ménage ses propres enfants, ses neveux/nièces ou encore des petits-fils/filles réduit la probabilité d'entreprendre des femmes. L'augmentation du nombre d'enfants à charge contraint en réalité les femmes à consacrer la majorité de leur temps aux activités ménagères et aux soins des enfants, réduisant ainsi le temps disponible pour une activité génératrice de revenus. Cependant, cet effet négatif du nombre élevé d'enfants sur l'entrepreneuriat s'annule dès lors qu'on endogénéise l'emploi. Ceci implique que la « taxation familiale » pénalise l'emploi en général car génère des coûts d'activité très élevés (Edon et Kamionka, 2007, 2010). De même, nous observons un effet négatif du mariage sur l'entrepreneuriat. La vie en couple augmente le temps que consacrent les femmes aux tâches ménagères comparativement à l'homme. Ce qui rend difficile la conciliation d'un emploi avec une vie de famille (Edon et Kamionka, *op. cit.*).

3.1.5. Niveau d'instruction

Le niveau d'instruction constitue une variable déterminante dans la capacité des femmes béninoises à entreprendre. Le graphique ci-après présente les dispositions des femmes à entreprendre selon leur niveau d'instruction.

Graphique 8 : *Entrepreneuriat féminin selon le niveau d'instruction*

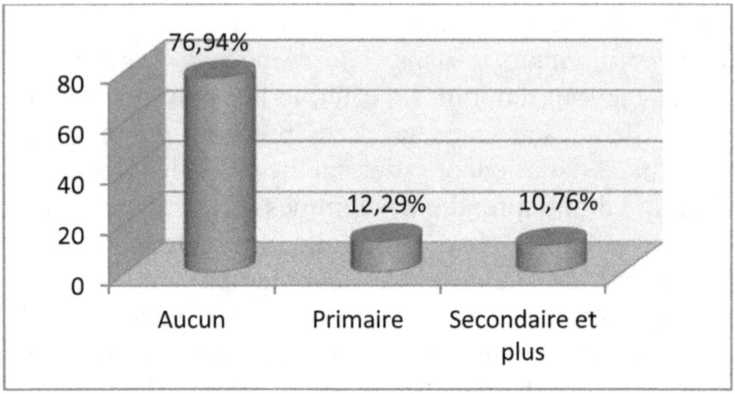

Source : Réalisé à partir des données du RGE (2010)

La lecture de ce graphique révèle que 76,94 % des femmes n'ayant aucun niveau d'instruction possèdent une entreprise. En revanche, seulement 12,29 % de femmes ayant le niveau primaire sont entrepreneures, alors que cette proportion est de 10,76 % pour les femmes ayant un niveau secondaire.

Cette situation s'explique par le fait que les femmes non instruites s'engagent le plus souvent précocement dans la vie active contrairement à celles instruites. En effet, pendant que les femmes instruites acquièrent une formation académique de six ans pour le niveau primaire, 4 ans pour le premier cycle du secondaire, trois ans pour le second cycle du secondaire, et plus de huit à 10 ans pour le niveau universitaire, soit en moyenne vingt et un ans d'instruction, les femmes non instruites sont généralement en apprentissage ou en instruction informelle auprès d'une chef d'entreprise. Ainsi, la femme non instruite a l'avantage de disposer d'un atout : celui de savoir, dès sa mise en stage de formation à l'entrepreneuriat, le métier qu'elle souhaite exercer. Par contre, la femme instruite doit « se chercher » d'abord lorsqu'elle suspend ses études après le primaire ou le secondaire avant d'entreprendre. En effet, Potter (2008) rapporte qu'indépendamment de leur type d'études, la formation des jeunes femmes diplômées ne leur permet généralement pas de créer leur propre entreprise et qu'une formation en entrepreneuriat pendant leur parcours universitaire s'avère nécessaire. Il apparaît donc que la forte proportion des femmes non instruites dans l'entrepreneuriat s'explique par le long processus de socialisation auquel elles sont soumises avant leur maturité contrairement aux femmes instruites. Les femmes non instruites sont donc plus portées à l'entrepreneuriat contrairement à celles instruites.

Ce point de vue est confirmé par les travaux de Coquery-Vidrovitch (1994). En s'intéressant à la capacité de mobilisation financière des femmes entrepreneures, l'auteure démontre que le niveau d'instruction ne pourrait constituer un obstacle à l'entrepreneuriat féminin. En effet, malgré leur faible scolarisation, les commerçantes des générations les plus anciennes ont très tôt disposé de crédits, voire de découverts importants auprès des banques locales qui connaissaient leur solvabilité. Dans cette dynamique, Kakpo (présidente de l'Association nationale des commerçantes du Bénin) citée par Skard (2004) affirme que « c'est possible d'être une femme d'affaires compétente sans être allée à l'école... ». Plus récemment, Bernard, Le Moign et Nicolaï (2013) admettent ce point de vue dans leurs travaux sur l'entrepreneuriat féminin, car ils démontrent que le fait d'être « peu diplômé » pour une femme n'a pas un effet négatif sur la probabilité pour elle de se lancer dans l'entrepreneuriat. Parallèlement, les auteurs montrent qu'on observe une réduction de l'effet positif de la variable « diplômes du supérieur » sur la capacité entrepreneuriale des femmes.

En revanche, il convient de préciser que le faible niveau d'instruction de la population active féminine, notamment celle béninoise, peut être un frein au développement de leurs entreprises. Selon la théorie économique relative aux firmes, le niveau d'instruction du promoteur d'une entreprise est positivement corrélé avec la performance de l'entreprise. En effet, l'accumulation du capital humain à travers l'instruction améliore les compétences et les aptitudes des individus tout en facilitant l'accès à la connaissance, au capital ainsi que le recrutement de personnel qualifié. C'est ce que démontre également l'OCDE (2004), lorsqu'elle soutient que l'inaccessibilité des femmes à l'enseignement de base les exclut presque totalement de l'entrepreneuriat, car il les empêche d'accéder à l'information qui leur permettrait d'identifier et d'évaluer différentes opportunités. L'analphabétisme constitue une tendance lourde sur leur capacité à exploiter une opportunité. L'incapacité à lire, à écrire ou à compter fait courir deux risques à la femme entrepreneure : elle est plus susceptible, premièrement, d'être financièrement exploitée par autrui et, deuxièmement, de devoir travailler dans le secteur informel. Conséquemment, les femmes entrepreneures sont incapables de protéger efficacement leur entreprise ; car elles ne sont pas toujours en mesure d'avoir un patrimoine personnel, celui-ci étant détenu par leur mari ou par un autre membre masculin de leur famille. Le secteur informel constitue un problème étroitement lié à celui-ci. (OCDE, *op. cit.*).

La littérature économique existante sur l'entrepreneuriat, notamment Montgomery *et al.* (2005), établit un lien positif entre les performances d'une entreprise, le niveau d'étude du promoteur et son âge. Le graphique ci-après présente le niveau d'instruction des femmes entrepreneures par tranche d'âge.

<u>Graphique 9</u> : *Niveau d'instruction des femmes entrepreneures par tranche d'âge (pourcentage de chefs d'entreprise)*

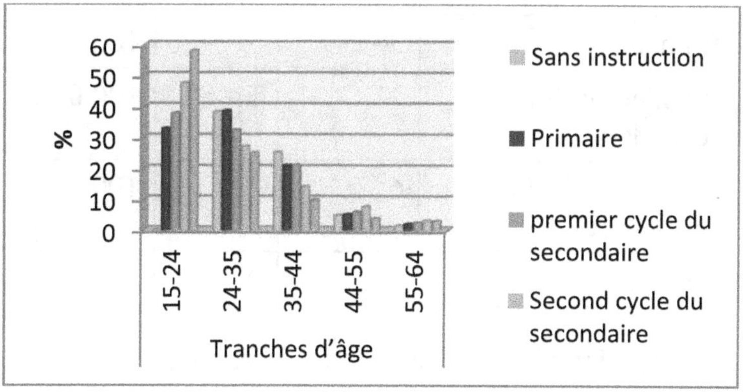

Source : Réalisé à partir des données du RGE (2010)

Il en découle que les femmes entrepreneures de générations plus jeunes sont plus instruites que celles des plus anciennes. Cela est autant plus vrai avec les niveaux primaire et secondaire (cycles 1 et 2). En effet, 38,4 % des femmes entrepreneures de 15-24 ans sont instruites de niveau primaire contre 32,5 % des femmes entrepreneures de 35-44 ans d'une part et celles de 55-64 ans d'autre part. Ceci est sans doute la résultante des politiques en faveur de l'éducation des filles (gratuité de l'école primaire) depuis le 14 octibre 2006 au Bénin.

En outre, il convient de préciser également que le niveau d'instruction des femmes entrepreneures varie également selon la zone de résidence, comme l'illustre le tableau ci-après.

Tableau 1 : *Niveau d'instruction des femmes entrepreneures par zone de résidence (% des chefs d'entreprise)*

Niveau le plus élevé d'instruction	**Zones de résidence**		
	Urbaine	**Rurale**	**Total**
Sans instruction	34, 3	53, 5	100,0
Primaire	34, 5	31, 9	100,0
Premier cycle du secondaire	21, 7	11, 8	100,0
Second cycle du secondaire	6, 7	2, 1	100,0
Supérieur	2, 9	0, 7	100,0

Source : Traité sur la base des données RGE (2010)

La lecture de ce tableau révèle que les femmes entrepreneures du milieu rural sont moins instruites que celles du milieu urbain. En effet, moins de 5 femmes entrepreneures sur 10, soit 46,4 % du milieu rural sont instruites contre environ 7 femmes chefs d'entreprise sur 10 en milieu urbain 70 %). Cette proportion varie néanmoins selon les départements comme l'illustre le graphique ci-après :

Graphique 10 : *Répartition des femmes entrepreneures en pourcentage selon le niveau d'instruction et par département*

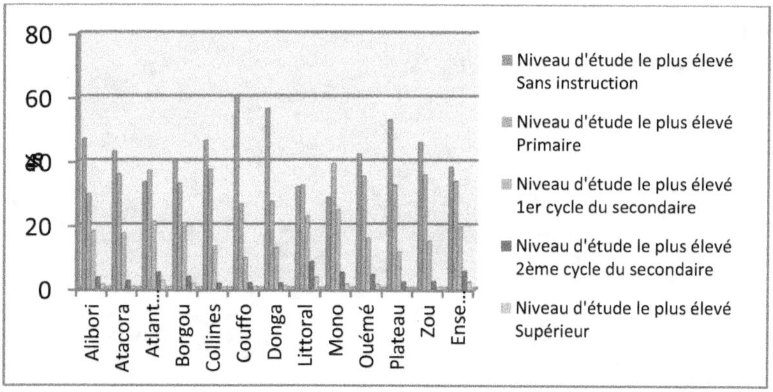

Source : Réalisé à partir des données du RGE2 (INSAE, 2010)

Au niveau départemental, on observe, en effet, une remarquable différence en ce qui concerne le niveau d'instruction des femmes entrepreneures. C'est dans le département du Couffo que la proportion de femmes entrepreneures sans instruction est la plus élevée (environ 61 %). Viennent ensuite les départements de la Donga (56,5 %), de l'Ouémé (53 %). À l'opposé, nous observons les proportions les plus faibles des femmes entrepreneures sans instruction (respectivement 29 % et 32 %) dans les départements du Mono et du Littoral. Dans ce sens, le Littoral, de par son statut particulièrement urbain, enregistre la plus grande proportion de femmes entrepreneures avec environ 4 % ayant le niveau du supérieur et 9 % ayant le niveau du second cycle du secondaire.

Subséquemment, le niveau d'instruction du conjoint a également une incidence significative sur la capacité entrepreneuriale des femmes (cf. graphique 11).

Graphique 11 : *Entrepreneuriat féminin et niveau d'instruction du conjoint*

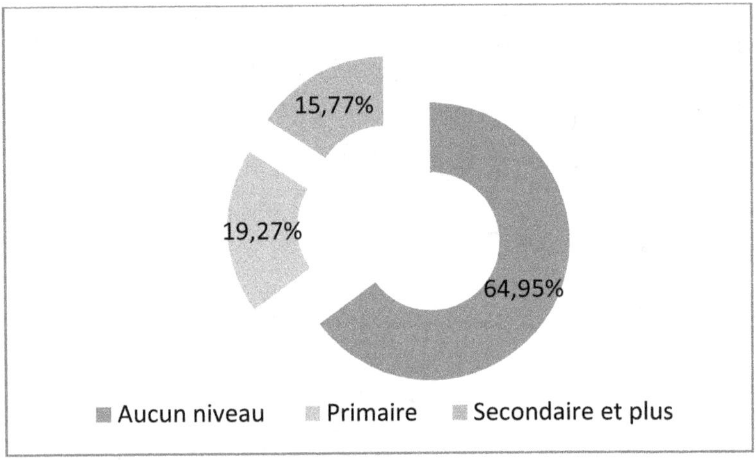

Source : Réalisé à partir des données du RGE2 (INSAE, 2010)

Il ressort de la lecture du graphique que 64,95 % des femmes qui entreprennent ont un conjoint sans aucun niveau d'instruction. On note, en conséquence, une faible proportion de femmes dont les conjoints sont instruits. Seulement 19,27 % ont un conjoint de niveau primaire et 15,77 % de niveau secondaire et plus. De fait, il apparaît que le niveau d'instruction du conjoint ne détermine pas la propension de la femme à entreprendre. Ce résultat s'inscrit dans la même dynamique que ceux précédemment obtenus, car le niveau d'instruction de la femme, tout comme celui de son père, n'influence pas la capacité entrepreneuriale de celle-ci. En effet, il a été démontré plus haut que 76,94 % des femmes n'ayant aucun niveau d'instruction étaient chefs d'entreprise et que dans 82,7 % des cas, les femmes avaient un père n'ayant aucun niveau d'instruction.

Quant aux variables du conjoint qui particularisent ce sous-groupe par rapport au premier, nous constatons que les conjoints ayant le niveau primaire (19,27 %) favorisent plus l'entrepreneuriat que ceux ayant le niveau secondaire et plus (15,77 %). Ce résultat est similaire à celui obtenu pour l'effet de l'instruction de la femme sur sa décision d'entreprendre tout comme pour l'influence du niveau d'instruction du père sur la capacité de la femme à entreprendre. Dans chacun de ces cas, le niveau d'instruction primaire est plus propice à l'entrepreneuriat féminin que celui du secondaire et plus. Ceci traduit sans doute l'homogamie sociale qui décrit le principe d'homogénéité du niveau d'instruction dans les couples.

Parallèlement, le niveau d'instruction du père constitue un facteur qui est favorable à l'entrepreneuriat féminin. En effet, la capacité des femmes à entreprendre varie selon le niveau d'instruction du père, comme l'illustre le graphique ci-après :

Graphique 12 : *Entrepreneuriat féminin et niveau d'instruction des parents*

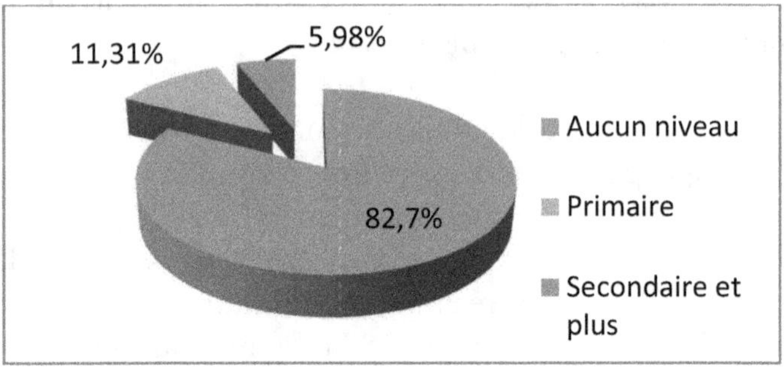

Source : Réalisé à partir des données du RGE2 (INSAE, 2010)

La lecture du tableau révèle que 82,7 % des femmes dont le père n'a aucun niveau d'instruction sont des entrepreneures. 11,32 % seulement des femmes, dont le niveau d'instruction du père est le primaire, entreprennent ; alors, cette proportion est de 5,98 % pour les femmes dont le niveau d'instruction du père est le secondaire et plus. Il en résulte donc que le niveau d'instruction des parents, notamment du père, n'a aucune influence sur la décision d'entreprendre de la femme.

Dans cette perspective, Bossin *et al.* (2008) montrent une relation positive entre l'entrepreneuriat des parents (père ou mère) et celui des enfants. Ce résultat semble se confirmer ici où 68,70 % des femmes descendantes de pères entrepreneurs entreprennent aussi. Cependant, un tel point de vue s'oppose à celui de Coquery-Vidrovitch (1994) qui démontre que les « Nana benz », souvent analphabètes ou peu scolarisées, avaient, en 1977, 18 % seulement de leurs filles travaillant encore dans l'activité de leur mère. Les trois quarts en revanche étaient salariées : fonctionnaires, sages-femmes, institutrices, secrétaires…

3.2. Déterminants économiques de l'entrepreneuriat féminin

Plusieurs facteurs économiques sous-tendent le développement de l'entrepreneuriat féminin au Bénin. À partir des variables clés issues des données de l'Enquête Modulaire Intégrée sur les Conditions de Vie (EMICoV, 2011) et du second Recensement général des entreprises (RGE2, 2010) de l'INSAE, cette section tente de présenter les facteurs qui militent en faveur de l'entrepreneuriat féminin. Il s'agit de la situation de richesse du couple, de la situation professionnelle du conjoint, de l'emploi et de l'accès au microcrédit.

3.2.1. Situation de richesse du couple

La situation de richesse du couple constitue un facteur déterminant de la capacité de la femme à entreprendre. En effet, les femmes entreprennent différemment selon qu'elles appartiennent à des couples pauvres, moyens ou riches.

Le graphique ci-après présente la propension des femmes à entreprendre selon le niveau de richesse de leur ménage.

Graphique 13 : *Entrepreneuriat féminin selon l'indicateur de richesse du couple*

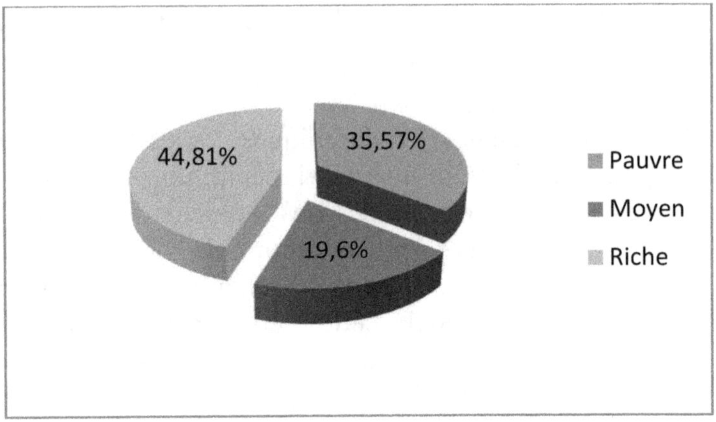

Source : Réalisé à partir des données du RGE2 (INSAE, 2010)

La lecture de ce graphique révèle qu'une proportion non négligeable de 44,81 % de femmes entrepreneures vit dans un ménage riche. Il s'agit ici de l'indice de pauvreté non monétaire. Par contre, 35,57 % des femmes qui entreprennent sont issues d'un ménage pauvre, contre 19,6 % qui proviennent d'un ménage moyen. Plus la femme vient d'un couple riche, plus elle est donc portée vers l'entrepreneuriat. Par contre, Bernard, Le Moign et Nicolaï (2013) attestent au contraire que le niveau de revenu constitue très clairement une contrainte motivante pour les plus faibles revenus et, à l'inverse, une moindre incitation à se compliquer la vie, pour les plus hauts, une fois que l'on « contrôle » par les variables témoignant de la confiance en soi.

3.2.2. Revenu mensuel du conjoint

Le revenu mensuel du conjoint a également une influence sur la propension des femmes à entreprendre. Le graphique ci-après présente la capacité entrepreneuriale des femmes selon le revenu du conjoint.

Graphique 14 : *Entrepreneuriat féminin et revenu mensuel du conjoint*

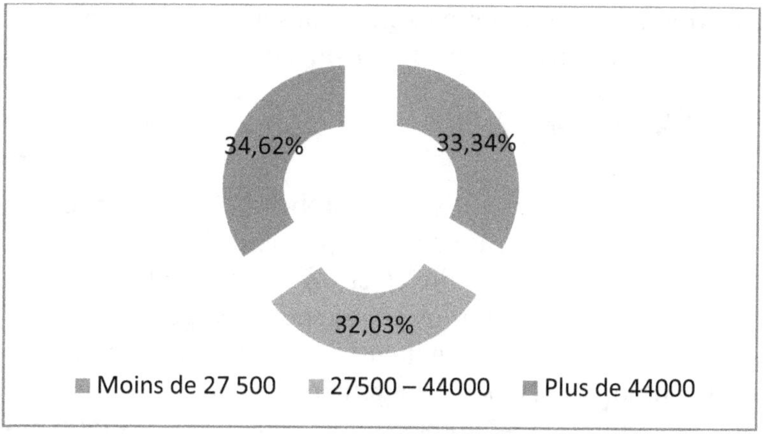

Source : Réalisé à partir des données du RGE (2010)

La lecture de ce graphique révèle que 34,62 % des femmes dont le conjoint a un revenu mensuel supérieur à 44 000 FCFA (environ 67 euros) sont des entrepreneures. Cette proportion est de 32,03 % pour les femmes dont le revenu mensuel du conjoint est compris entre 27 500 et 44 000 FCFA (42 à 67 euros), contre 33,34 % pour celles dont le revenu mensuel du conjoint est inférieur à 27 500 FCFA (42 euros). Il en découle donc qu'une plus grande autonomie financière du conjoint influence sensiblement la capacité entrepreneuriale des femmes. Ces résultats corroborent ceux relatifs à la situation de richesse présentés plus haut et selon lesquels les femmes appartenant à des couples riches (44,81 %) entreprennent plus que celles appartenant à des ménages pauvres (35,57 %).

Au-delà de ces variables, Coquery-Vidrovitch (1994) note que l'activité de la femme entrepreneure, surtout lorsqu'elle est mariée, reste en général en relation avec celle de son mari : les femmes de matelot ou de pêcheur s'adonnent au commerce du poisson ; celles des petits fonctionnaires ou employés tiennent plutôt un commerce à domicile pour les besoins du voisinage.

3.2.3. Emploi

L'effet de l'emploi sur la probabilité d'entreprendre diffère selon qu'on suppose l'emploi exogène ou non dans la décision d'entreprendre. Cet effet est négatif dans les spécifications où l'emploi est supposé exogène et positif dans l'autre cas. L'endogénéité de l'emploi montre que le sous-emploi global augmente la probabilité d'entreprendre. Les femmes qui se sentent sous-employées vont fréquemment entreprendre.

Tableau 2 : *Résultats récapitulatifs des estimations sur la base des femmes*

VARIABLES	(I) Entrepreneur ***Logistic***	(II) Entrepreneur ***Probit***	(III) Entrepreneur ***IV***	(IV) Entrepreneur ***Heckman***
Formelle	-3.914***	-2.186***	-0.853***	-0.835**
	(0.602)	(0.296)	(0.231)	(0.350)

Source : Données de terrain, 2016

Le ratio de Mills (cf. annexe) est significatif et négatif. Ceci signifie qu'un choc dans l'emploi se transmet négativement à l'entrepreneuriat. Ainsi, une conjoncture négative se traduisant par une réduction de l'emploi aura pour conséquence une réduction de l'intention d'entreprendre. Ce qui aura pour conséquence l'aggravation du chômage. La significativité du ratio de Mills confirme l'existence d'un biais de sélection.

De même, le test de rapport de vraisemblance entre les modèles 2 et 3 montre que l'hypothèse nulle d'exogénéité est rejetée. Autrement dit, l'emploi n'est pas exogène dans la prise de décision d'entreprendre. Ces résultats viennent corroborer notre hypothèse selon laquelle les erreurs de mesures (biais de sélection ou autre biais caché) ou l'existence de causalité inverse conduisent à des estimations biaisées.

3.2.4. Accès au microcrédit et gestion financière des entreprises féminines

La quasi-totalité des entreprises interrogées (97 %) n'ont pas pu obtenir un crédit de financement. Le reste (3 %) a déclaré avoir reçu plusieurs types de crédits. Il s'agit des financements sous forme de crédit fournisseur, de crédit documentaire, de découvert, d'avance de caisse et de crédit en fonds de roulement. Parmi ceux-ci, les femmes entrepreneures représentent 54 % et le tableau suivant présente quelques statistiques relatives à l'activité de 2007.

Pour le développement de leurs activités au cours de l'exercice 2007, la valeur minimale de crédit reçu par les femmes entrepreneures est de 5 000 de francs CFA pour un maximum de 2 800 000 000 de francs CFA. En effet, le crédit documentaire moyen reçu est de 34,5 millions FCFA et le crédit moyen en termes de découvert reçu par les femmes entrepreneures du Bénin est de l'ordre de 53 millions de francs CFA.

Par ailleurs, 8,62 % des unités de production recensées ont obtenu des financements de prêts de plusieurs institutions bancaires et de microfinance.

Les financements en provenance des banques nationales et internationales sont quasi inexistants confirmant les résultats, surtout en ce qui concerne les difficultés rencontrées dans le développement des activités. Les institutions de microfinance offrent 6 % de prêts aux entreprises dont 4,74 % en provenance des microfinances formelles et 1,27 % des informelles (EMICoV, 2011).

Parmi les entreprises dirigées par les femmes qui ont bénéficié d'un financement de prêt, 4,28 % sont issues des entreprises formelles et 17,45 % ont une tenue de comptabilité écrite formelle ou simplifiée. Parmi elles, on dénombre 59,21 % d'entreprises commerciales et 38,25 % d'entreprises artisanales. Il s'ensuit qu'il y a une corrélation entre la formalisation de l'entreprise et l'accès au crédit dans les institutions bancaires.

L'évaluation du chiffre d'affaires d'une entreprise est conditionnée par la tenue ou non d'une comptabilité. L'analyse des résultats du recensement montre que plus de 8 unités de production sur 10 (84,36 %) ne tiennent pas de comptabilité (simple et/ou formelle) dans la gestion de leur flux de trésorerie et 15,64 % ont une comptabilité écrite formelle et/ou une comptabilité simplifiée. Il faut pourtant noter que le niveau d'instruction du chef d'une unité de production recensée en 2007 est significativement corrélé avec la tenue de comptabilité dans son entreprise.

Il ressort également des analyses que la tenue de comptabilité croît en fonction du niveau d'instruction dans le groupe des hommes entrepreneurs. En ce qui concerne les femmes, les résultats montrent que la proportion des entreprises ne disposant pas de comptabilité décroît avec le niveau d'éducation des femmes chefs d'entreprise mais cela n'améliore pas la tenue des comptes. Lorsque les femmes chefs des unités de production ne sont pas instruites (aucun niveau), il n'existe aucune différence significative quant à la tenue ou non d'une comptabilité écrite formelle et/ou simplifiée.

Toutefois, il faut reconnaître une variation du chiffre d'affaires parmi les entreprises qui ont une tenue de comptabilité. Ainsi, le chiffre d'affaires moyen de ces entreprises, qui est de 35,7 millions de francs CFA pour l'exercice de 2007, se trouve en dessous du chiffre d'affaires mobilisé dans les trois secteurs d'activité suivants pendant cet exercice : Bâtiments et Travaux publics BTP, 256 millions de francs CFA ; Industrie, 762 millions de francs CFA et Transport, 517 millions de francs CFA. On constate également que les entreprises dirigées par les hommes ont un chiffre d'affaires moyen, environ 3 fois plus important que le chiffre d'affaires moyen des femmes. Ce constat confirme les résultats des chercheurs qui ont montré que, souvent, les femmes sont dans des secteurs d'activité peu productifs (Maldonado, 1983 ; Onibon 1995, 2001), même si une catégorie parmi elles arrive à émerger avec des revenus substantiels dans le commerce international, par exemple (Onibon, 2001).

Conclusion

Les déterminants de l'entrepreneuriat féminin ont été analysés avec le modèle économétrique de HECKMAN qui est un modèle multinomial. Les variables d'analyse portent sur les caractéristiques socio-économiques des femmes entrepreneures, de leurs parents et conjoints. Le diagnostic sur le modèle révèle le risque d'un biais de sélection qui est corrigé par le choix de l'option de l'estimation en deux étapes qui permet également d'apprécier l'effet de la sélection. Les résultats de l'analyse permettent de classifier les variables en deux catégories :

Les variables qui influencent négativement l'entrée des femmes en entreprise et celles qui y sont favorables. Les premières sont fondamentalement de quatre ordres :

- le niveau d'instruction : lorsque les femmes n'ont aucun niveau d'instruction, elles entreprennent beaucoup plus ;
- l'âge et le nombre d'années d'expériences :
- la situation matrimoniale : les femmes mariées monogames sont plus enclines à l'entrepreneuriat que celles mariées polygames, en union libre ou célibataires.
- le nombre d'enfants à charge dans le ménage : le nombre d'enfants dans le ménage agit sur l'entrée des femmes en entreprise (enfant, petit-fils/fille neveu/nièce). Ainsi, par exemple, la capacité entrepreneuriale de la femme est réduite lorsqu'elle a plus de 3 enfants à bas âge ;
- la situation de richesse du couple : les couples riches ont tendance à promouvoir

l'entrepreneuriat féminin que les ménages pauvres ;

- la situation des parents : si le niveau d'instruction du père n'influence pas la propension des femmes à entreprendre, il convient de préciser que dans 68,70 % des cas, les femmes entrepreneures ont des parents entrepreneurs ;
- la situation professionnelle du conjoint : l'entrepreneuriat féminin est relativement déterminé par le salaire mensuel des conjoints mais beaucoup moins par le niveau d'étude des conjoints.

Cependant, comment s'organisent, alors, celles qui se décident à entreprendre ? Quels sont leurs modes de financement, leurs activités et leurs stratégies d'organisation ? Comment s'organisent-elles pour intégrer le marché international et nouer des relations d'affaires hors des frontières nationales ? Existe-t-il des structures (groupes, organisations, réseaux) au sein desquelles ces femmes développent leurs activités ?

CHAPITRE 4

L'ENTREPRENEURIAT FÉMININ AU SERVICE DU DÉVELOPPEMENT SOCIAL ET HUMAIN

Introduction

L'entrepreneuriat constitue un moyen efficace pour lutter contre les discriminations sociales et la vulnérabilité de certaines catégories sociales. Il permet notamment aux personnes pauvres et vulnérables de disposer des moyens d'agir, en bâtissant des sociétés unies et résilientes et en offrant aux citoyens la possibilité d'accéder à des institutions qui leur rendent des comptes. L'entrepreneuriat se révèle donc être un facteur d'inclusion sociale et par conséquent un outil de développement humain et social. La revue *Développement durable et territoires* (2004) définit le développement humain et social comme la recherche d'un développement qui assure l'amélioration du bien-être humain (ou son maintien), ce dernier étant déterminé par des caractéristiques personnelles (éducation, santé, libertés individuelles…) ou collectives (cohésion sociale, niveau et répartition des richesses…). En associant les gouvernements, les populations locales, la société civile, le secteur privé et les populations marginalisées (notamment les femmes, les personnes handicapées et les peuples autochtones), le développement social transforme les relations complexes entre la société et l'État en interventions concrètes.

Pourtant, la littérature met plus souvent en évidence le rôle déterminant joué par l'entrepreneuriat dans la croissance économique par le biais de la création de l'emploi, l'encouragement de l'innovation en tant que catalyseur de développement durable (Giardinelli, 2018). À partir d'une analyse empruntée aux sciences et techniques des méthodes micro-économétriques, nous tentons à travers ce chapitre de mesurer l'influence de l'entrepreneuriat féminin sur l'individu lui-même, sa famille, son environnement (local ou national).

Cet impact est en fait un effet causal qui correspond dans chacun des cas à la différence entre ce que gagnent les femmes entrepreneures (le gain) et celles qui ne le sont pas. La difficulté à mesurer cet effet causal provient du fait qu'on ne peut pas avoir une femme se trouvant en même temps dans les deux situations. Une solution est de considérer deux groupes de femmes : l'un correspondant aux femmes entrepreneures, que nous appelons ici *groupe traitement*, et l'autre correspondant au groupe des femmes qui n'entreprennent pas pendant la période de référence de la recherche. Ce groupe est appelé *groupe contrôle*.

La pertinente préoccupation est de savoir s'il est raisonnable de supposer que les individus des deux groupes sont identiques à part le fait qu'ils sont entrepreneurs ou non. Si cette hypothèse n'est pas juste, alors la simple comparaison du niveau de pauvreté ou de la scolarisation des enfants entre les groupes va être biaisée. Ce biais s'appelle le biais de sélection. Pour pallier ce type de biais, il faudrait que les individus appartenant aux deux groupes ne soient pas systématiquement différents. Pour solutionner un tel biais, nous avons recouru à des techniques micro-économétriques d'« évaluation non expérimentale » qui affectent les individus éligibles de manière aléatoire aux groupes traitement et contrôle. L'objectif de ces méthodes est donc de contrôler les biais de sélection liés à des caractéristiques observées et inobservées afin de mesurer les effets nets, c'est-à-dire, calculer les effets quelconques en l'absence d'aléa de l'affectation au traitement ou au programme.

Dans le cas de cette recherche, la méthode que nous utilisons est l'appariement sur la base du « score de propension » initiée par Rosenbaum et Rubin (1983). L'opérationnalisation de cette méthode est amplement présentée en annexe. L'analyse des résultats montre que l'assignation aléatoire des femmes au programme a permis d'obtenir 73,46 % de femmes dans le groupe de traitement et 2 538 femmes soit 26,54 % dans le contrôle.

4.1. Entrepreneuriat féminin et amélioration du bien-être social au Bénin

Dans le contexte particulier du Bénin, l'entrepreneuriat féminin constitue un enjeu à l'autonomisation économique, sociale et politique des femmes. En plus de contribuer à la consolidation de la non-discrimination et de l'égalité entre les sexes, l'entrepreneuriat féminin renforce les « capabilités essentielles » (Moghadam *et al.*, 2005) des femmes, de même que leur participation aux secteurs fondamentaux de la vie sociale, économique et politique. L'entrepreneuriat, en ce qu'il crée des emplois, stimule la croissance économique et l'innovation, améliore les conditions sociales et contribue à répondre aux défis environnementaux, est important pour les objectifs de développement durable et cette importance est corroborée par les travaux de l'Assemblée générale de l'Organisation des Nations Unies tenue à Doha sur le financement du développement (ONU, 2009).

C'est fort de cette réalité que la Politique nationale de l'emploi du Bénin s'est donnée pour vision de fournir à toutes les Béninoises et Béninois, un emploi susceptible de leur procurer un revenu permettant de satisfaire leurs besoins vitaux et leur bien-être intégral. Cette section tente d'appréhender comment l'entrepreneuriat féminin contribue à l'amélioration des conditions de vie des acteurs sociaux à la base. À partir de la méthode de Matching, il s'agit donc d'évaluer l'effet de l'entrepreneuriat féminin sur la pauvreté, l'éducation des enfants et le nombre de naissances au sein des ménages.

4.1.1. Impact de l'entrepreneuriat féminin sur la réduction de la pauvreté

L'objectif dans cette section est d'estimer l'impact de l'entrepreneuriat féminin sur le niveau de pauvreté du ménage. Le paramètre d'intérêt ATT a été estimé à l'aide de quatre algorithmes d'appariement à savoir le *Nearest Neighbor Matching*, le *Radius Matching*, le *Kernel Matching* et la *stratification Matching*. Rappelons que l'ATT mesure l'effet moyen de l'entrepreneuriat féminin sur la pauvreté parmi les femmes qui entreprennent pendant la période de l'enquête. Le tableau ci-après présente une synthèse des résultats de l'évaluation d'impact. Le support commun a été imposé pour toutes les estimations et les erreurs-types des effets estimés ont été calculées par la méthode du *bootstrapping* avec 100 réplications[4].

[4] Cette méthode consiste à tirer, à partir de l'échantillon initial d'individus, en suivant une loi uniforme avec remise, 100 autres

À l'échelle de l'échantillon de cette recherche, il ressort du tableau que tous les estimateurs (ATT) sont négatifs et statistiquement significatifs. Cela suppose que l'entrepreneuriat féminin réduit la pauvreté. Ainsi, par la méthode du *Nearest Neighbor Matching*, l'estimateur (ATT) que nous obtenons est égal à -0,033. Cela signifie que la probabilité qu'une femme entreprenne une activité réduirait la pauvreté de 3,3 % par rapport au groupe de contrôle. En ce qui concerne le Raduis Matching (r=0,005), l'estimateur est significatif et est égal à -0,086. Pour ce qui est de l'estimateur (ATT) du Kernel Matching, le plus recommandé dans la littérature (Frölich, 2007), il est significatif et vaut -0,056. À la lumière de ceci, on peut conclure qu'au Bénin, l'entrepreneuriat féminin contribue à la réduction de la pauvreté de 5,6 % ce, en comparaison à son groupe témoin, toutes choses étant égales par ailleurs. Autrement dit, au Bénin, lorsque la probabilité qu'une femme entreprenne augmente, le niveau de pauvreté vécu baisse. Ainsi, en l'absence de facteurs ou de chocs exogènes, si l'on subventionne dans le cas du Bénin, l'entrepreneuriat des femmes ou améliore leur engouement à l'entrepreneuriat, on aurait réussi à contribuer à la réduction de la pauvreté.

échantillons de même taille. L'effet causal est ensuite évalué sur chacun de ces 100 échantillons. De même, la variance de l'effet causal est calculée à partir des 100 estimations obtenues.

Tableau 3 : Estimation de l'effet de l'entrepreneuriat féminin sur la pauvreté[5]

MÉTHODE DU MATCHING	Taille		ATT
	Traitement	Contrôle	
NEAREST-NEIGHBOR	7025	2464	-0.033***
			(0.013)
			[-2.561]
KERNEL MATCHING	7025	2527	-0.056***
			(0.012)
			[-4.808]
RADIUS MATCHING	7001	2514	-0.086***
			(0.014)
			[-6.294]
STRATIFICATION MATCHING	7025	2526	-0.032***
			(0.012)
			[-2.664]
*() standart error ; [] t-test ; *** significativité à 1 %*			

Ce résultat est confirmé par les études réalisées par l'OIT et la Banque Africaine de Développement (BAD). Les conclusions de ces travaux soutiennent qu'un grand nombre de petites et moyennes entreprises lancées et gérées par les femmes se sont avérées être solides et plus performantes sur les plans économique, environnemental et social.

L'entrepreneuriat féminin favorise :

– l'autonomisation de la femme ;

[5] Données de l'enquête de terrain, 2017.

- la réduction de la pauvreté ;
- la réduction du taux de chômage ;
- la croissance économique ;
- le développement inclusif et durable.

À cet effet, une étude réalisée au Maroc révèle que le développement de l'entrepreneuriat féminin dans le secteur agricole constitue une alternative à la situation de précarité des femmes et à l'inaccessibilité d'un emploi rémunéré. L'entrepreneuriat agricole féminin favorise l'émergence de cinq caractéristiques communes :

- la médiation par la confiance accordée antérieurement au mari ;
- le recours aux fonds publics et familiaux ;
- le lien à la tradition ;
- le maintien du travail à domicile ;
- le maintien de la structure familiale (Madenspacher, 2017).

Toutefois, l'influence de l'entrepreneuriat féminin sur la pauvreté telle que présentée par les institutions bancaires internationales ci-dessus mentionnées mérite d'être relativisée du fait de l'existence de plusieurs facteurs d'ordre socioculturel, politique et juridique que le chapitre 5 se propose d'analyser beaucoup plus amplement.

4.1.2. Entrepreneuriat féminin : un facteur de régulation des naissances

L'exercice des activités de femmes « d'affaires » est soumis à des contraintes professionnelles de plusieurs ordres. Le fait que ces femmes partagent leur temps entre leurs responsabilités professionnelles et familiales constitue une difficulté majeure qu'il leur faut surmonter. Très peu d'études présentent des statistiques détaillées sur les interactions entre les relations productives et reproductives, ainsi que les rapports familiaux qui découlent de l'exercice de leurs activités. Selon Anker, *« la plupart des mesures de la main-d'œuvre féminine couramment utilisées ne sont pas appropriées pour comprendre les effets du travail des femmes sur les phénomènes démographiques, et ne peuvent pas par conséquent renseigner sur l'impact de changements de l'un sur les autres »* (Anker *et al.*, 1987 ; Anker *et al.*, 1988 ; Anker, 1989).

Toutefois, il est reconnu par tous que quelle que soit la nature des activités exercées par les personnes du sexe féminin, il y a un impact sur leur volonté de procréation. La limitation des naissances est rarement adoptée par les couples. Néanmoins, certains d'entre eux tiennent compte des problèmes que pourrait poser une progéniture nombreuse quant à l'exercice de l'activité de la personne qui est la première à s'occuper des tâches inhérentes à leur éducation, c'est-à-dire la mère. Ils peuvent alors prendre la décision de limiter les naissances afin de ne pas entraver leurs ambitions personnelles. Les phénomènes démographiques dépendent des conditions psychiques, sociales et matérielles des femmes, ainsi que d'un certain nombre de facteurs dont le plus important est le contrôle de la communauté, surtout de la belle-famille.

La fonction de reproduction de la femme est l'une des contraintes majeures auxquelles elles sont confrontées. On note une faible natalité chez cette catégorie de femmes (4 enfants par personne). Cette faiblesse de la natalité n'est pas seulement due à l'activité, mais aussi au niveau de vie. Des études ont montré que la natalité diminue à mesure que le niveau de vie s'élève. Or, la catégorie sociale à laquelle appartiennent ces femmes est caractérisée par un niveau de vie assez élevé par rapport à la moyenne de la société béninoise. La limitation des naissances peut alors être interprétée comme un signe de « modernité », plutôt que la conséquence d'une contrainte liée à l'activité exercée. Avant de pouvoir trancher sur cette question, il est important de faire des recherches complémentaires pour connaître les motivations réelles de ces femmes quant à la limitation des naissances.

Quoi qu'il en soit, ce sont des mères et des épouses. Il est donc opportun pour elles de jouer les rôles qui sont les leurs auprès de leur progéniture et de leurs époux. Or, les activités qu'elles exercent prennent beaucoup de temps et demandent de fréquents déplacements. Il se pose alors le problème de la conciliation de ces activités avec leur vie familiale. L'accent a été mis sur cette contrainte dans les études faites sur les revendeuses de tissus au Togo. La solution est toujours de prendre des filles à domicile pour remplacer la mère en son absence. Ces dernières vont parfois plus loin. Comme elles disposent d'assez d'argent, elles construisent des maisons dans lesquelles elles décident de vivre avec leurs enfants. Elles deviennent ainsi autonomes par rapport à leurs maris (Cordonnier, 1987). Cette volonté d'autonomie se remarque le plus souvent chez les femmes appartenant à des familles polygames.

Cette observation faite sur les commerçantes togolaises n'est pas dénuée de tout fondement. En effet, les importatrices béninoises reconnaissent, bien qu'elles ne cautionnent pas la polygamie, que l'appartenance à des familles polygames pourrait être un atout pour l'épanouissement de leurs affaires. Elles pensent que cette situation leur permet de ne pas « avoir le mari sur le dos tout le temps étant entendu qu'il a plusieurs femmes et qu'il faut que chacune fasse sa part du travail »[6]. Elles ont ainsi la possibilité de se soustraire un tant soit peu de leurs devoirs d'épouses pour se consacrer à leurs activités. (Weisner et Galimmore, 1978 ; Lecarme, 1992.)

Ces observations corroborent les remarques de Mathieu (1977), sur le concept de maternité sociale dans les pays en voie de développement. Pour une étude plus représentative, il faut avoir des données multidimensionnelles de l'activité, qui mettent l'accent sur les aspects du travail des femmes susceptibles d'influencer directement ou indirectement les comportements démographiques et matrimoniaux, dont les plus perceptibles sont la fécondité, l'espacement des naissances, le célibat, le concubinage et le nombre de plus en plus élevé de femmes chefs de ménage.

4.2. De l'autonomisation à l'émancipation des femmes

L'entrepreneuriat féminin permet de donner confiance aux femmes. Il accroît leur autonomie et provoque des mutations sociales dans les considérations développées à

[6] Nous reprenons là les propos d'une femme qui avait été interviewée.

leur égard. Autrefois, marginalisées et parfois exclues de certaines opportunités, les femmes chefs d'entreprise sont désormais perçues autrement. En effet, l'entrepreneuriat des femmes contribue à réduire la pauvreté, à promouvoir l'égalité hommes-femmes et à émanciper les femmes.

4.2.1. Autonomisation des femmes, empowerment et dynamique des rapports sociaux de sexes dans les ménages

La situation matrimoniale constitue une variable importante dans l'analyse de la dynamique des rapports de genre. Les femmes que nous avons enquêtées sont en majorité mariées. La moitié appartient à des ménages monogames, 40 % à des ménages polygames et 10 % sont divorcées. Dans un milieu où la polygamie est courante, on s'étonne que 50 % de ces femmes prises au hasard appartiennent à des ménages monogames. Nous n'avons pas trouvé dans les réponses qu'elles nous ont faites sur ces questions des explications fiables à cette remarque. **Bintou** a répondu : *« Nous avons au fil des années construit ensemble quelque chose de bien fort »*. Elle ajoute « n'ayant pas embrigadé son mari, même quand il va s'amuser en ville, il revient toujours ». **Rafiatou** répond qu'elle n'y trouve aucune explication, et une autre pense que ce n'est pas encore tard « à tout moment, il peut prendre une seconde épouse ». Ce sont là des réponses évasives qui n'apportent pas une explication solide à cette question. De notre point de vue, les moyens financiers y contribuent largement. La construction sociale des relations de genre a dévolue aux hommes la responsabilité de la survie des membres du ménage. En arrière-plan, les femmes y contribuent énormément, mais lorsqu'elles n'ont pas des moyens financiers substantiels, leurs contributions suffisent juste pour assurer la survie. Dans une pareille situation, elles n'ont pas un pouvoir financier nettement au-dessus de celui de l'homme qui peut permettre d'équilibrer un peu les relations de force. Mais, en se plaçant dans la situation des femmes d'affaires, avoir un cadre de vie adéquat, changer des voitures de gros calibre fréquemment, ne pas avoir à prendre la responsabilité des dépenses familiales et profiter de la notoriété de sa conjointe sont des avantages que les conjoints peuvent consciemment ou inconsciemment chercher à préserver. L'argent peut ainsi devenir un facteur de manipulation aux mains des femmes. Ce constat confirme les théories développées sur l'autonomisation économique de la femme comme levier pour améliorer son statut social et politique.

De nombreuses études présentent des données qualitatives sur ces éléments parmi lesquels nous allons en citer quelques-uns. Dans son étude sur les commerçantes maliennes des chemins de fer, de Frondeville (1998) met l'accent sur l'importance de la situation matrimoniale dans l'émergence d'un commerce à distance. Ces femmes profitent de toutes les situations matrimoniales qui puissent leur permettre d'exercer leurs activités : *« Le divorce..., le veuvage, le célibat, et dans une certaine mesure, la polygamie garantissent aux femmes une disponibilité propice au commerce » (*de Frondeville, 1998). Les nouveaux contrats matrimoniaux sont négociés de manière à pouvoir permettre à celles-ci de continuer à exercer leurs activités. Ces contraintes relèvent de l'importance accordée à la fonction de reproduction des femmes en Afrique, et particulièrement en milieu musulman, qui est celui des femmes étudiées par cet auteur.

Il est reconnu que les femmes africaines, qu'elles soient urbaines ou rurales, jouent un rôle déterminant dans le fonctionnement de leurs ménages. À l'instar de l'autonomie traditionnelle des femmes yoruba et de leur dynamisme dans les activités génératrices de revenus (Boserup, 1983 ; Lambert, 1992 ; Cordonnier, 1987 ; Bolanlé, 1975), les femmes Mina, Fon et Gun de la première génération ont également les mêmes motivations. La question du rapport de la femme à l'argent apparaît importante en Afrique de l'Ouest. Ce qui peut paraître pour le moins curieux est la disponibilité naturelle des hommes à pousser leurs femmes toujours plus loin dans l'exercice de leurs activités. Une réponse couramment donnée à cette question est que les hommes se servent des femmes comme « paravent » pour faire dans l'ombre ce qu'ils ne peuvent pas exposer au grand jour. À notre avis, cette réponse est une vision simpliste de la question et n'explique pas toutes les situations observées. Il est vrai que dans le cadre des relations de clientélisme, certains hommes se cachent derrière des femmes pour exercer des activités. Mais cette situation est récente et ne date que de la période d'après les indépendances. Nous savons que dans les sociétés rurales au Bénin, le mari a le devoir de trouver une parcelle à sa femme pour ses cultures personnelles, ou lui trouver un fonds de commerce qu'elle gère personnellement. Il en est de même en milieu urbain. La tradition marchande des femmes ouest-africaines, si admirée, ne se fait pas non plus sans l'encouragement de l'homme. Il apparaît bien que les hommes aident leurs femmes à avoir une certaine autonomie financière. De ce fait, ce désir d'autonomie ne vient pas seulement des femmes, mais des deux membres du couple. Le dynamisme des femmes ne serait-il pas un effet conjugué de leur aptitude et des efforts de leur mari pour leur assurer cette autonomie ? Dans des sociétés où la valeur de l'homme se reconnaît au nombre de personnes qu'il a sous son autorité, quels sont les faits sociaux qui peuvent pousser les hommes à adopter un pareil comportement ?

Les hommes que nous avons pu interroger nous ont répondu qu'une femme qui a des capacités financières n'hésite pas à investir dans l'entretien des membres de son ménage. Dans un contexte où les salaires dans la fonction publique ou dans les entreprises privées sont très peu élevés, la réussite d'une activité commerciale par son épouse est salutaire pour l'homme chef de ménage, qui ne se voit plus obligé de subvenir à tous les besoins de la famille. Certains ont même ajouté qu'une femme occupée ne se préoccupe pas des aventures extraconjugales de son mari. Ainsi, en dehors des considérations économiques, il y a des raisons sociales qui ne sont pas négligeables. Des études sociologiques et anthropologiques ont mis l'accent sur le caractère économique de la polygamie dans les sociétés africaines. De celles-ci, il ressort que la polygamie répond à la division du travail dans les sociétés agricoles. Il s'agit d'une part d'une logique de placement de richesse (Pitshandenge, 1982). L'investissement que constitue la dot sera rentabilisé par le travail de la femme au champ. D'autre part, de nouvelles femmes peuvent en effet permettre aux hommes de diminuer leur participation au fonctionnement du ménage. « *Le rôle économique de l'épouse supplémentaire permet à l'homme de prendre beaucoup plus de loisirs* » (Boserup, 1983). Cette citation semble bien corroborer l'observation précédente. Lévi-Strauss (1955) fait remarquer que chez les Indiens Nambikwara, le privilège d'avoir plusieurs femmes, réservé uniquement aux chefs, se présente comme un attribut de commande-ment doté d'une valeur fonctionnelle, tant du point de vue psychologique qu'économique. Il apparaît important de ne pas tirer des conclusions hâtives. Certes, avoir plusieurs femmes qui disposent de moyens financiers peut permettre à un homme de ne pas trop dépenser son argent. Mais, faut-il seulement prendre en compte des considérations financières pour s'engager dans des pratiques qui se vivent très mal aussi bien par le mari, les femmes que les enfants ?

Le développement des activités féminines et les revenus croissants qu'elles génèrent introduisent cependant des mutations dans les relations de genre. Ces dernières sont difficiles à appréhender. Dans une société comme celle du Bénin, la capacité financière est très importante dans la détermination de la place de l'individu au sein de sa communauté. La concentration aux mains de certaines femmes de ressources importantes leur permet de détourner en leur faveur des aspects de la patrilinéarité (Cordonnier, 1987). Au sein du ménage, certaines prérogatives de l'homme peuvent passer aux mains de son épouse pour la simple raison que c'est elle qui pourvoit pour une part assez élevée aux besoins de la famille. Elle ne se comporte plus comme une femme soumise et estime qu'elle a un droit de regard sur ce qui se passe dans leur famille, surtout en ce qui concerne leurs enfants. Les hommes n'ont plus alors la responsabilité exclusive de prendre des décisions sans s'en référer à leurs épouses. Parfois, ce rôle leur échappe complètement au profit de la femme. Forcément, cette mutation n'est pas vécue de la même manière par tous les hommes. Certains l'acceptent bien que le statut de leurs femmes ait changé, d'autres non. Il se pose alors des problèmes liés à des incompréhensions qui conduisent parfois à la rupture du couple[7].

[7] Nous faisons là, la synthèse des réponses qui nous ont été faites lors de nos enquêtes.

Dans ce contexte, n'y a-t-il pas un biais ? La femme n'abusera-t-elle pas de ce contre-pouvoir que lui confèrent ses moyens financiers ? La recherche de l'équilibre au sein du ménage est un objectif partagé par toutes les femmes enquêtées. Elles adoptent une attitude conciliante vis-à-vis de leurs époux et les laissent « exercer leur autorité de mâle ». Le consensus, la négociation et la soumission sont les stratégies par lesquelles elles arrivent à gérer leurs ménages. Elles sont bien conscientes que malgré leur capacité financière, elles ne peuvent pas « porter la culotte »[8] à la maison, et ne cherchent pas à bouleverser l'ordre établi.

Dans certaines sociétés, on n'observe pas ce genre de mutations du fait de la pression sociale qui vise la reproduction inchangée des rapports de genre. C'est le cas, par exemple, de certaines sociétés où on observe « *l'emprise d'un système idéel cohérent où interfèrent l'économique, le psycho-familial, le social, le symbolique, médiatisés par des pratiques sociales* » (Lecarme, 1992). Godelier avait fait remarquer que ce ne sont pas les rapports économiques qui fondent la domination masculine, mais la force de l'idéel. Pour lui, « *L'idéel est la pensée consciente et inconsciente, modelée par la représentation, l'idéologie normative, le langage, les savoirs cognitifs et sociaux* » (1984). Ainsi, du fait de l'inertie des représentations que se font les membres de ces sociétés, les changements n'ont pas lieu malgré la disproportion entre le rôle économique des femmes et leur subordination aux hommes seuls détenteurs de l'autorité. L'autonomie financière des femmes dans ces conditions ne serait-elle pas qu'apparente ? De cette analyse, il apparaît clairement que les relations de genre sont plus

---

[8] Nous reprenons ici l'expression généralement utilisée pour dire qu'une femme commande son époux.

subordonnées à la force des représentations sur lesquelles fonctionnent les sociétés que sur les moyens financiers dont disposent les acteurs sociaux. La souplesse des visions de la société sur ces questions est assez importante pour l'introduction de nouvelles mutations.

En effet, les obligations professionnelles des femmes entrepreneures les contraignent à élargir leurs relations en dehors du cercle familial ou lignager. En effet, l'appartenance à des réseaux marchands, les fréquents déplacements vers l'Europe les mettent en contact avec des peuples qui ont des pratiques et des cultures différentes des leurs. Ainsi, le détournement des aspects contraignants de la patrilinéarité, à laquelle nous faisions allusion précédemment, ne se fait pas sentir uniquement dans leurs rapports avec leurs maris. Tous les membres de la communauté au sein de laquelle elles vivent sont concernés. De ce fait, elles échappent au contrôle de leur entourage et parfois même à celui de leur famille. Des études précédentes sur cet aspect de la question ont mis l'accent sur l'évolution de la prescription des rôles qui régissent les rapports de genre. Ces mutations sont à la base de l'introduction au sein de la société d'un certain nombre de pratiques qui ont une influence évidente sur la cohésion sociale. On assiste à de très fortes compétitions entre femmes, coépouses, membres de la même famille ou de la même corporation de métier.

Toutes les occasions sont bonnes pour étaler ses richesses par la qualité des bijoux, de l'habillement et la participation ou la prise en charge des dépenses lors des cérémonies qui réunissent les membres de la famille (mariage, baptême, funérailles…). Il se dessine des clivages au sein du clan par l'intermédiaire desquels on met en évidence l'arrogance de la richesse. De ce fait, la société s'accroche à des valeurs qui ne sont pas forcément génératrices de progrès social. On observe une forte circulation de la richesse dans une ambiance de pauvreté. Ceci n'est pas seulement le fait des commerçants et commerçantes. Les dirigeants qui se trouvent à des postes où ils peuvent capter des rentes de fonction, par leurs détournements, prennent une part active à ces pratiques. Cette compétition n'est pas nouvelle ; elle constitue une des facettes cachées de la vie communautaire. Le phénomène n'a fait que s'accentuer dès lors que les femmes s'opposent aux hommes, aux patriarches détenteurs du pouvoir. Il se crée des situations de conflits du fait de la force de « l'idéel » sur le fonctionnement de la société. Il n'est pas admis que des femmes concurrencent les hommes sur leur propre terrain. La vision de ces dernières par la communauté en est considérablement affectée. Elles sont mal vues, et il se crée autour d'elles des mythes quant à l'origine de leur fortune. Les pratiques ostentatoires tendent à primer sur les valeurs intellectuelles et morales. Le fonctionnement de la société est basé sur des valeurs marchandes plutôt que morales, avec la survivance des anciennes organisations sociales dont le fonctionnement est perturbé.

4.2.2. Entrepreneuriat féminin : entre échec et réussite sociale

Loin de considérer les résultats de notre quantification des activités des femmes d'affaires comme définitifs, nous estimons que ce sont des estimations qui permettent d'évaluer le niveau des capitaux investis et des revenus, et de ce fait la réussite. Malgré leur réticence à en parler, la réussite des femmes d'affaires est apparente à plusieurs égards :

– les quantités de produits exposés dans les magasins en sont des indicateurs ;

– le nombre d'emplois créés aussi bien dans l'exercice de l'activité que dans la gestion du ménage (cuisinier, jardinier, gardien de nuit, domestique, chauffeur) ;

– l'importance du réseau de relations qui se tisse autour de la femme entrepreneure ;

– le niveau de vie ;

– la réputation et la notoriété.

Ce sont là autant de facteurs qui permettent de juger de l'ampleur de leur réussite. Le succès pour ces femmes se définit non seulement en termes de biens et de notoriété acquis, mais aussi en termes d'une vie de couple harmonieuse et de la réussite des enfants, comme le montre cette déclaration de **Roukiyath** : *« J'ai gagné beaucoup de paris dans ma vie, mais tant que je ne verrai pas mes enfants voler de leurs propres ailes, je ne me reposerai pas. »* Cette fixation sur les enfants revient aux représentations sociales qui accordent un satisfecit à une mère dont les enfants réussissent. La société reconnaît ainsi implicitement le rôle des femmes dans l'éducation des enfants, et de ce fait dans celle de la société. Ainsi, elles ne sont pas à la quête d'une réussite individuelle, mais plutôt d'une réussite collective et familiale.

Certains échecs sont aussi durement ressentis par les femmes entrepreneures. Les femmes qui sont sorties de la crise économique de 1989, endettées, ne baissent pas les bras. Elles mettent en place diverses sortes de stratégies pour se réinstaller. **El Hadja Balkissou** ne cesse de créer de nouvelles activités pour pouvoir refaire surface dans le paysage commercial. Ces tentatives lui permettent certes de se maintenir, mais l'ampleur de ses dettes l'empêche de réellement s'affirmer.

L'autonomie financière des femmes est une légende au Bénin et, en général, la société tolère la richesse des femmes qui acquièrent une notoriété. Mais cette notoriété change-t-elle vraiment leur statut ?

Les femmes enquêtées dans le cadre de cette recherche sont à la recherche permanente de compromis, pour équilibrer les rapports de force entre elles et leurs conjoints, mais aussi dans leurs rapports avec les autres membres de la société. Elles restent toujours des épouses, des mères et des filles et leurs capacités financières ne changent pas pour autant leurs statuts et les représentations sur lesquelles fonctionne la société béninoise. En général, elles ne cherchent pas fondamentalement à remettre en cause l'ordre établi, mais elles mettent en place des stratégies pour se faire une meilleure place au sein de la communauté.

Conclusion

Ce chapitre a tenté d'apprécier l'impact de l'entrepreneuriat féminin sur le développement humain et social au Bénin. Il a démontré que la capacité entrepreneuriale des femmes a un impact sur la société béninoise. En effet, l'entrepreneuriat des femmes contribue sensiblement à améliorer le bien-être social des populations. Dans le contexte béninois, l'entrepreneuriat féminin contribue à la réduction de la pauvreté de 5,6 % selon l'estimateur (ATT) du Kernel Matching. L'application de la méthode du Nearest Neighbor Matching révèle, quant à elle, que la probabilité qu'une femme entreprenne une activité réduirait la pauvreté de 3,3 % par rapport au groupe de contrôle. Ainsi, selon les différentes méthodes économétriques pour estimer l'impact de l'entrepreneuriat féminin sur le niveau de pauvreté des ménages que les conditions de vie des populations ont tendance à s'améliorer du fait de la propension des femmes à entreprendre.

Les résultats présentés ont également démontré que l'entrepreneuriat féminin contribue à limiter le nombre de naissance. Le fait que les femmes partagent leur temps entre les responsabilités entrepreneuriale et familiale ; ce qui les amène à contrôler les naissances. De plus, l'entrepreneuriat féminin constitue un facteur primordial dans l'autonomisation des femmes béninoises. Son essor a engendré de profondes mutations dans les relations de genre. Les perceptions à l'égard des femmes ont ainsi changé, car elles sont désormais perçues non plus comme le « sexe faible », mais comme des actrices capables d'apporter une « plus-value » à la cellule familiale, et par ricochet, au développement de la société.

CHAPITRE 5

DÉFIS DE L'ENTREPRENEURIAT FÉMININ AU BÉNIN

Introduction

L'essor de l'entrepreneuriat fait face à de nombreux défis. Les entreprises béninoises, dans le développement de leurs activités, connaissent une gamme variée de difficultés. Selon les résultats du RGE2 (INSAE, 2010), la difficulté prépondérante qui freine l'activité des entreprises est l'insuffisance du capital (89,3 %). Viennent ensuite, l'absence de fonds de roulement (85,99 %), l'inaccessibilité au crédit (70,49 %) et la concurrence déloyale (52,38 %) qui minent l'entrepreneuriat au Bénin. Enfin, trois entreprises sur dix évoquent l'accès aux matières premières, aux marchés publics et les besoins de garantie bancaire comme difficultés dans le développement de leurs activités (taux).

Une analyse fine de ces difficultés selon le sexe permet de dire que les femmes rencontrent toutes les formes de difficultés plus que les hommes chefs des unités de production au Bénin. Les pratiques entrepreneuriales des femmes recouvrent en particulier des obstacles divers et variés comparativement aux hommes. Ce chapitre tente d'appréhender les obstacles qui entravent le développement de l'entrepreneuriat féminin dans le contexte particulier du Bénin.

5.1. Contraintes liées à l'efficacité des politiques publiques de promotion de l'entrepreneuriat féminin au Bénin

S'il est vrai que les politiques publiques favorisent pour une large part le développement de l'entrepreneuriat féminin, il n'en demeure pas moins qu'elles renferment de nombreux obstacles. Cette section a pour objectif de mettre en évidence les défis d'ordre institutionnel et réglementaire, financier et informationnel qui compromettent l'essor des initiatives entrepreneuriales féminines au Bénin.

5.1.1. Contraintes institutionnelles et réglementaires liées au développement de l'entrepreneuriat féminin

La République du Bénin s'est dotée de plusieurs institutions dont la vocation est de promouvoir l'auto-emploi et l'entrepreneuriat. C'est notamment le cas du ministère de la Microfinance et de l'Emploi des jeunes, du ministère des Petites et Moyennes Entreprises, de l'Institut National pour la Promotion de la Femme (INPF), de la Commission Nationale de Promotion de la Femme (CNPF) ou encore des Women Business Promotion Center (WBPC). Cependant, il est observé un manque de synergie des actions de ces différentes institutions.

Par ailleurs, l'adoption de la Loi n° 2002-07 du 24 août 2004 portant code des personnes et de la famille en République du Bénin et l'existence d'une politique nationale de promotion du genre ont renforcé le statut de la femme béninoise en lui conférant les mêmes droits que les hommes notamment le droit à la propriété et la liberté d'entreprendre. Mais, dans la pratique, ces dispositions peinent à être véritablement appliquées, entravant de fait la promotion des femmes et l'exercice de leurs fonciers, de possession de patrimoines immobiliers et des possibilités de constituer des garanties et des sécurités réelles. De fait, les normes juridiques, sociales et culturelles font peser un risque plus élevé à l'investissement dans les entreprises féminines (OCDE, 2009).

En milieu rural, les femmes ont toujours un accès limité à la terre, aux intrants et aux moyens de production pour leurs activités agricoles, leur présence dans les instances de décision au niveau communautaire où se fait la distribution des parcelles de terre, étant encore très faible. Il s'y ajoute que, rarement détentrices de patrimoines immobiliers, les femmes d'affaires se heurtent aux garanties et sécurités réelles pour le financement des investissements de leurs entreprises. Les femmes entrepreneures sont donc généralement rares dans le secteur formel.

Dès lors, en dépit du potentiel entrepreneurial des femmes, elles se retrouvent plutôt dans les microentreprises du secteur informel, où elles travaillent dans des activités à faible valeur ajoutée et aux rendements marginaux. Elles ont tendance à être entrepreneures plus par nécessité que par choix, poussées vers le petit commerce par l'absence d'alternatives (BAD, 2015).

En outre, l'argumentaire selon lequel le Bénin présente la caractéristique d'être un pays qui possède l'une des économies les plus informelles de l'Afrique subsaharienne

(AFD, 2006)[9], et qui jouerait un rôle dans la probabilité d'entreprendre a été analysé. La triangulation des résultats de nos recherches montre que la formalisation des entreprises réduit la probabilité d'entreprendre de la femme. Le faible niveau d'instruction des femmes chefs d'entreprise associé à une politique fiscale sévère expliquent sans doute l'effet négatif du formalisme sur l'entrepreneuriat.

5.1.2. Contraintes liées à l'accès au financement

Il existe au Bénin beaucoup de structures de financement des activités des femmes et des femmes chefs d'entreprise. Ce sont, par exemple : le Fonds National de la Microfinance, les fonds disponibles au sein des Programmes tels que l'Agence Nationale de Promotion de l'Entreprise et de l'Emploi des Jeunes (FNPEEJ), le Programme de l'Entreprenariat des Jeunes (PEJ), etc.

L'accès à ces sources de financement s'avère inéluctable pour promouvoir l'auto-emploi ou l'entrepreneuriat. Au-delà, le financement est un déterminant non négligeable de la croissance de l'entreprise et de la performance (Berger et Udell, 1998). Cet avis est partagé par Isenberg qui soutient que les entrepreneurs réussissent mieux quand ils ont accès à des ressources humaines, financières et professionnelles auxquelles ils ont besoin (Isenberg, 2010).

Cependant, l'accès au financement est identifié comme un obstacle important dans le développement des

[9] Document de travail, Agence Française de Développement, juin 2006 ; La formation professionnelle en secteur informel – Rapport sur l'enquête terrain au Bénin.

entreprises dirigées par les femmes (Lebègue, 2015). En effet, les difficultés d'accès au financement se posent de façon générale aux petites et moyennes entreprises, mais elles sont plus accentuées pour les femmes qui ne disposent pas souvent des garanties nécessaires exigées par les banques classiques (Greene *et al.*, 2002). C'est donc à juste titre que certains auteurs soutiennent qu'il existe des pratiques discriminatoires à l'égard des femmes. Par exemple, Coleman (2000) a montré que les femmes obtiendraient des prêts à des conditions moins favorables que les hommes. Les banquiers exigent souvent de leur part plus de garanties ou un cautionnement (Carrier *et al.*, 2006). Bien au-delà, le *Plan d'action 2015* de la Banque Africaine de Développement (BAD) sur l'autonomisation des femmes africaines fait observer que l'accès aux services financiers peut être refusé aux femmes africaines en raison des préjugés culturels, du fait des obstacles juridiques formels les empêchant de conclure des contrats en leur propre nom ou à cause de leur manque de connaissance des questions financières. Les femmes ne possèdent souvent pas les éléments de patrimoine requis comme garanties par les institutions financières (BAD, 2015). Les contraintes liées à l'accès au financement se résument à :

– la non-maîtrise des questions bancaires ;

– le taux élevé des intérêts des prêts octroyés par les SFD et autres structures de financement ;

– l'inexistence de fonds de garantie pour l'accès aux crédits ;

– l'insuffisance de l'appui conseil des femmes bénéficiaires de crédit ;

– l'utilisation des revenus pour la survie de la famille plutôt qu'au financement de l'activité ;

– le détournement de l'objet de crédit à des fins sociales.

En effet, selon la Banque mondiale, l'accès au financement constitue le principal obstacle à la croissance pour 410 à 520 millions de Petites, Moyennes et Micro-Entreprises (PMME) au niveau mondial ; d'où la nécessité de garantir l'accès des PMME au financement à cause du rôle déterminant qu'elles jouent dans la croissance économique et dans le développement durable (CNUCED, 2015).

Pour pallier ces difficultés, les femmes béninoises se tournent beaucoup plus vers les systèmes financiers décentralisés où elles ne reçoivent pas souvent le niveau de financement aux conditions (montant, durée, etc.) pouvant leur permettre de booster la rentabilité de leurs affaires. Le manque de confiance vis-à-vis de la capacité des femmes à créer ou diriger une entreprise et à rembourser un prêt rend ainsi l'accès au financement difficile pour les femmes. Les prêts octroyés aux femmes exigent des garanties plus importantes et des coûts substantiellement plus importants que ceux des hommes (OCDE, 2009). Certaines femmes de fait ont recours à l'autofinancement ou au système informel de crédit à travers des « tontines ». Selon les résultats de l'INSAE et du RGE2, 4 femmes entrepreneurs sur 10 rencontrent chacune l'une de ces formes de difficultés : l'insuffisance de capital, les besoins en fonds de roulement, la concurrence déloyale, les garanties en matière bancaire et les besoins de formation au sein de l'entreprise (INSAE, RGE2, 2010). Tous ces différents facteurs constituent des tendances lourdes de l'entrepreneuriat féminin au Bénin.

5.1.3. Contraintes liées à l'accès à l'information économique

La compétition à l'échelle nationale et internationale se joue sur une bonne connaissance des réalités des marchés d'offre et de demande de biens de services. L'accès à l'information économique, en ce qui concerne la solvabilité de ses clients, les capacités de ses concurrents, les transactions du marché, les sources de crédit, s'avère crucial pour tout entrepreneur qui veut tirer profit des opportunités offertes par son environnement mais aussi identifier à temps les menaces. L'accès à l'information économique est tout aussi indispensable sur les sources et conditions d'acquisition de crédit, aux secteurs porteurs de croissance dans le pays et à la réglementation régissant la pratique des affaires dans le monde. D'une manière générale, ces informations ne sont pas disponibles en temps réel faute de structures susceptibles de les fournir bien que le Bénin dispose de quelques structures mises en place à cette fin telles que la Chambre de Commerce et d'Industrie du Bénin (CCIB), le GUFE, etc.

Or, la plupart des femmes entrepreneures qui souffrent d'un manque de compétences professionnelles et techniques ont des capacités très limitées, pour traiter, analyser et interpréter de telles informations à des fins de décision. Elles se contentent souvent, du « bouche-à-oreille », et restent confinées aux microréalisations et aux marchés de proximité.

Les besoins d'appui-conseil apparaissent alors importants pour les femmes entrepreneures. La prise en charge de tels besoins est aujourd'hui possible grâce à l'existence de certaines structures chargées de ce volet. Il s'agit des organisations professionnelles auxquelles elles appartiennent, le Centre de gestion agréé de la Chambre de Commerce, l'Agence Nationale des Petites et Moyennes Entreprises (ANPME), etc. La satisfaction de ces besoins permettrait d'amoindrir les effets des contraintes liées à l'entrepreneuriat féminin, qui se posent en termes de :

- la méconnaissance des formalités administratives et juridiques nécessaires à la création d'entreprise ;
- l'ignorance des dispositions fiscales (statuts et régimes de fiscalité existants) et la crainte des charges fiscales ;
- le faible niveau d'instruction ;
- l'inadéquation des programmes de formation ;
- l'instrumentalisation de la femme par les politiques ;
- la crainte de la prise de risque ;
- la mauvaise gestion des microentreprises liée à :
- l'ignorance des techniques de gestion d'une entreprise ;
- l'absence de tenue d'une bonne comptabilité ;
- les ressources humaines non qualifiées.

Pourtant, il convient de souligner que très peu de femmes au Bénin ont recours à l'expertise de ces différentes institutions.

5.2. L'entrepreneuriat féminin à l'épreuve du faible niveau de scolarisation

Les femmes béninoises constituent des agents économiques très dynamiques. Pourtant, à l'instar des autres femmes africaines, elles se heurtent à toute une série d'obstacles qui entravent la réalisation de leur plein potentiel, allant de pratiques culturelles restrictives et de lois discriminatoires à des marchés du travail très segmentés (BAD, 2015). Cette section recense les facteurs susceptibles d'entraver l'éclosion de la capacité entrepreneuriale des femmes béninoises.

5.2.1. Faible niveau d'instruction des femmes : un défi majeur à l'entrepreneuriat féminin

Les femmes entrepreneures peu instruites rencontrent des obstacles liés à leur faible aptitude à connaître les textes de loi et les règlements qui régissent leurs activités sur le plan national et international. Reconnaissant leurs lacunes, certaines femmes font appel à des personnes plus avisées pour prendre en main les formalités administratives et la gestion de leurs affaires.

Encadré 4

Dans l'entreprise de ma mère, je m'occupais des opérations de dédouanement et de transit des produits importés (boissons alcoolisées, farine de blé notamment), de la fiscalité et des opérations bancaires. Ma mère, n'étant pas instruite, elle ne savait pas lire et n'aimait d'ailleurs pas avoir affaire aux agents de l'administration douanière. Elle trouvait qu'avec eux, il y a trop de paperasse. Pourtant, elle avait une très bonne maîtrise des circuits d'approvisionnement et de dédouanement des produits tant au pays qu'à l'étranger. **Théophilia**, 63 ans, second cycle du secondaire, mariée, directrice d'une agence de voyages, Cotonou[10].

Certaines femmes sont entrées dans l'entrepreneuriat grâce aux facilités qu'elles avaient à communiquer avec les clients étrangers en français et en anglais et à organiser la comptabilité de leur mère.

Le manque de compétence amène aussi des femmes instruites à mettre sur le marché de nouveaux produits sans aucune étude de marché préalable. Elles se retrouvent assez souvent devant des situations de mévente qui entraînent de lourdes pertes à l'entreprise. **Pulchérie**, malgré son BTS en action commerciale, a poussé sa mère à se lancer dans l'importation des foulards de têtes de fabrication asiatique dans les mêmes conditions. Elles ont importé plusieurs containers de foulards de tête qui n'ont pas été écoulés aussi vite que prévu. Elles ont perdu 35 à 40 millions de FCFA dans cette affaire. Depuis, elle recrute des spécialistes pour analyser la demande avant de lancer un nouveau produit.

Le monde des affaires rime avec des problèmes administratifs et juridiques auxquels les femmes n'échappent pas. Elles ont recours à l'administration pour les déclarations officielles d'importations, le dédouanement des marchandises, la déclaration des chiffres d'affaires, le paiement des taxes et impôts liés à leurs activités et aux biens qu'elles possèdent. Lorsque des transactions se déroulent mal avec les fournisseurs, les clients ou la banque, elles ont à faire à la justice au Bénin ou à l'extérieur. Pour ce faire, et, surtout avec l'ouverture

[10] Source : Données de l'enquête de terrain, 2016.

du marché national sur le monde, il est impérieux de disposer des informations de qualité, mais aussi de développer des aptitudes pour affronter ces situations nouvelles pour les plus anciennes parmi les femmes entrepreneures.

Encadré 5

> *Le secteur du commerce est complexe et nécessite un certain nombre d'aptitudes notamment en négociation et gestion comptable. Savoir parler et écrire en français est certes important pour réussir les affaires, mais il faut également avoir des compétences en comptabilité, en gestion pour mener à bien une entreprise. Vu qu'il était trop tard pour moi de me rattraper, j'ai encouragé ma fille cadette à faire une maîtrise de sciences économiques et de gestion à l'Université d'Abomey-Calavi. Depuis sept ans, elle s'occupe du secrétariat et de la comptabilité de la boutique, ce qui m'a permis d'améliorer considérablement la gestion de mes finances.*
> Merveille, ancienne sage-femme d'État[11].

Le faible niveau d'instruction se révèle ainsi être un handicap au développement des initiatives entrepreneuriales féminines. Toutefois, la proportion des femmes entrepreneures instruites au Bénin est largement inférieure à celle des hommes contrairement aux réalités de l'Europe. Dans l'ensemble de l'Union européenne, les femmes en emploi connaissent un taux de participation à la formation continue qui est légèrement supérieur à celui des hommes : 23 % des femmes ont suivi une formation dans l'année, contre 19 % des hommes (Beck-Domzalska, 2007).

[11] Source : Données de l'enquête de terrain, 2016.

5.2.2. Entrepreneuriat féminin : une tendance lourde à la scolarisation des enfants

L'analyse descriptive que nous avons faite dans les précédents chapitres a révélé que les secteurs d'activité prédominants dans lesquels les femmes entreprennent sont l'artisanat et le commerce. Dès lors, nous postulons à une hypothèse selon laquelle, si elles ont des enfants en âge de scolarisation, ceux-ci peuvent être exposés à des situations de déscolarisation ou d'absences régulières au cours.

Pour vérifier cette hypothèse, nous calculons l'effet de l'entrepreneuriat féminin sur l'éducation des enfants (propres enfants, neveux/nièces et petits-fils/filles) que la femme aurait en charge. Par ailleurs, nous désagrégeons au niveau du sexe afin de savoir entre les garçons et les filles, ceux dont l'éducation est la plus influencée par l'activité de leur mère ou tutrice. Les résultats de ces estimations sont présentés dans le tableau suivant :

Tableau 4 : Estimation de l'effet de l'entrepreneuriat féminin sur l'éducation des enfants[12]

méthode du matching	**Garçons**			**Filles**		
	Différence	**Sdt. Err.**	**T-stat**	**Différence**	**Sdt. Err.**	**T-stat**
simple matching	-0,008	0,002	-4,26	-0,013	0,002	-5,13
nearest-eighbor	0.005	0.005	0.974	0.000	0.006	0.080

[12] Source : Données de l'enquête de terrain, 2016.

kernel matching	0.006	0.005	1.274	0.001	0.005	0.245
radius matching	0.007	0.005	1.292	0.003	0.006	0.554

Le traitement des données révèle que globalement l'entrepreneuriat féminin a un impact négatif sur la scolarisation des enfants, surtout les filles. Cette situation s'explique d'une part, en fonction de la répartition du travail selon le sexe qui confère aux femmes et aux filles les travaux domestiques et, d'autre part, par la nature des activités exercées par ces femmes (commerce et artisanat). En général, ces activités ne requièrent pas de grandes formations académiques. Les mères entrepreneures ont tendance à se faire substituer par leurs filles dans l'exercice des tâches domestiques et à les intégrer dès le bas âge dans le système d'apprentissage traditionnel des métiers qu'elles exercent elles-mêmes.

Des études anthropologiques ont mis l'accent sur l'importance pour les femmes d'avoir des personnes pour garder leurs enfants pendant qu'elles se donnent à leurs occupations (Weisner et Galimmore, 1978 ; Lecarme, 1992). Dans l'agriculture de subsistance aussi bien que dans le commerce, les enfants sont confiés soit à leurs sœurs plus âgées, soit aux grands-mères ou à d'autres personnes afin de se libérer de l'obligation des soins pour la période où elles travaillent.

5.2.3. Stéréotypes sociaux autour des femmes entrepreneures

Au Bénin comme partout ailleurs, la réussite suscite des commentaires. La réussite sociale est souvent rattachée à la chance. Il n'est donc pas rare d'entendre les entrepreneures dire : « Avec un peu de chance, mes affaires vont marcher ». Dans cette dynamique, certaines personnes s'attirent la chance par plusieurs pratiques culturelles. C'est le cas, par exemple, de certaines prières spécifiques du Coran et des religions endogènes. On a l'habitude de dire des Yoruba du sud Bénin qu'ils « pactisent avec le diable pour s'enrichir ». Lorsqu'un homme riche meurt brutalement, cela suscite des commentaires sur les conséquences de ses prétendues « pratiques diaboliques » ; pour les femmes, c'est « le serpent d'argent » qu'elle porte en elle qui l'a vampirisé. Lorsqu'un enfant disparaît, on dit que c'est un « El Hadj » ou une « El Hadja »[13] qui l'a volé pour le transformer en argent. Peu à peu, ces préjugés se sont estompés et ont fait place à d'autres. Aujourd'hui, une femme qui réussit est d'abord traitée de charmeuse. Certes, les relations amoureuses contribuent d'une certaine manière à l'évolution des opérateurs économiques, sans que cette règle ne s'applique uniquement aux femmes. Des alliances matrimoniales, des relations amoureuses ont constitué le point de départ ou d'évolution de certaines femmes. Mais les opportunités présentées par ces situations ne sont pas suffisantes à elles seules pour faire la réussite de la femme entrepreneure. Les représentations sociales des femmes d'affaires se sont beaucoup améliorées. La médisance a fait place au respect et à l'admiration. La réussite des affaires est un facteur important de notoriété sociale, et toute régression est vécue par la femme entrepreneure et son entourage comme un échec.

---

[13] Croyant musulman ayant fait au moins une fois le pèlerinage à La Mecque.

5.2.4. Entrepreneuriat féminin au Bénin : quelle relève de qualité ?

En général, les femmes d'affaires, qu'elles aient été à l'école ou non, ne voient pas la nécessité de préparer leurs filles à se spécialiser afin d'assurer valablement la relève. Pour plusieurs d'entre elles, l'instruction s'arrête à savoir parler, lire et écrire la langue française. Elles estiment que de la même manière qu'*elles sont allées à l'école du marché* et qu'elles s'en sortent, leurs filles peuvent en faire autant. La mère de **Georgette** était infirmière d'État. Mais sa réussite après sa démission de la fonction publique lui fait dire que le « *salut ne se trouve pas dans les murs de l'administration, mais au marché* ». Parlant de la scolarisation de ses enfants elle dit : « *On n'a pas besoin d'avoir des diplômes universitaires pour être quelqu'un dans la vie. Je suis infirmière et aujourd'hui, ce sont les affaires qui me nourrissent. Mes anciennes collègues de la fonction publique n'ont pas ce que j'ai.* » **Francine** s'est installée à côté de sa mère et de ses tantes au marché avec la conviction qu'elle y trouvera plus d'argent que dans la fonction publique. Parlant de ses débuts dans les affaires, elle dit : « *Après le Bac, j'ai poussé ma mère et mes tantes à convaincre mon père qu'il est préférable d'être commerçante que fonctionnaire, car les salaires dans la fonction publique sont bas.* » Cette vision de l'importance de l'éducation dans la réussite sociale se fait ressentir dans les taux de scolarisation des filles en milieu yoruba où quatre parents sur cinq sont dans les affaires. Les enfants des Yoruba de Porto-Novo ont l'habitude de dire : « *Allons-nous manger du papier ?* » « *Il y a plus d'argent au marché qu'à l'école* » ; « *nous n'allons pas lire jusqu'à en mourir.* » À l'endroit des élèves trop studieux à l'école, ils font des railleries en disant « *ka iwéku* », c'est-à-dire « *lit et en meurt* ». Au plus fort de la réussite des activités commerciales entre 1975 et 1985, elles sont nombreuses qui ont abandonné les classes dès le cours primaire pour s'installer avec leurs mères et leurs tantes dans les marchés.

Cependant, on note une contradiction entre cette expression et les pratiques des femmes entrepreneures, dès lors qu'elles ont des difficultés liées à leur niveau d'instruction et à leur manque de professionnalisme. Plusieurs parmi nos enquêtées ont aidé leurs mères à prendre en charge les volets de leurs activités qui nécessitent un niveau moyen d'instruction. Elles ont dû prendre en charge les activités que le faible niveau d'instruction des mères ne leur permettait pas d'assurer au mieux, et ont été très utiles pour ces dernières à cet effet.

Aujourd'hui, les femmes d'affaires reconnaissent l'importance de la formation professionnelle en gestion, en comptabilité, en transit et consignation et aussi le marketing dans le fonctionnement d'une entreprise. Elles estiment que pour maintenir l'entreprise et lui donner une envergure, il est important de disposer de professionnels avisés, qui peuvent prendre en charge les activités qu'elles n'ont pas les compétences d'exercer. Certaines femmes engagent du personnel pour prendre en charge ces activités. D'autres, par manque de confiance aux employés, préfèrent orienter leurs enfants vers les professions dont l'entreprise a besoin. Ainsi, elles mettent les moyens à la disposition de leurs filles et les orientent vers des formations professionnelles qu'elles jugent utiles pour la réussite des activités dans leurs secteurs d'intervention. Ainsi, certaines riches commerçantes de Porto-Novo ont, malgré le faible taux de scolarisation des filles en milieu yoruba musulman dans les années 70, envoyé leurs filles en Europe pour faire des études de comptabilité, de gestion des entreprises et d'action commerciale. Certains parents les envoyaient plutôt pour ne pas courir le risque de les voir prendre goût aux affaires et abandonner leurs études. C'est ainsi que **Rafiatou**, dès la classe de troisième a été envoyée en France, dans un lycée de la région parisienne. Elle y a passé le Bac puis a obtenu un Brevet de technicien supérieur en action commerciale. Elle confit : « *Ma mère n'avait pas beaucoup de temps à me consacrer et craignait que j'abandonne les bancs pour m'installer au marché.* »

L'apprentissage de l'activité est incontournable. Il est plus souvent basé sur le mode traditionnel, c'est-à-dire une transmission du savoir-faire par la pratique. Ce mode de transmission est basé sur la famille et l'héritage.

La transmission du savoir-faire au sein de la famille a pour avantages la pérennisation de l'activité et le maintien du capital (financier, physique et social) au sein du cercle familial. La passation de main de la mère à la fille, de la tante à la nièce ou de la marraine à la filleule présente un avantage certain pour l'héritière qui prend possession, non seulement du savoir-faire, mais aussi et souvent du capital financier, du stock physique de marchandises, et de ce qui est très important dans le commerce, du capital social (réseaux marchands, clientèle). Une femme d'affaires dans cette situation saute des étapes et arrive à s'installer plus vite et plus facilement que celles qui doivent construire leurs activités ex nihilo.

Lorsqu'un entrepreneur hérite d'un triple capital dès le départ (apprentissage à la pratique, réseaux, finances), il est confronté au challenge de la réussite qui se construit autour de deux facteurs, à savoir : la bonne gestion et le maintien dans les réseaux et groupes auxquels il fait désormais parti. C'est là qu'intervient la question de la modernisation de l'entreprise. Les femmes d'affaires qui n'ont reçu que des enseignements dans le cadre familial y arrivent très peu. Par contre, le niveau d'instruction est un facteur de réussite très important, qui autrefois, sous-estimé, est de plus en plus, reconnu dans le milieu des affaires au Bénin.

Conclusion

La plupart des entreprises féminines béninoises restent confrontées à l'insuffisance de capital, la concurrence déloyale, des besoins en fonds de roulement ou en garanties en matière bancaire, etc. Dans ce contexte, les nombreuses politiques adoptées par le Bénin pour accroître l'autonomisation des femmes n'ont toujours pas permis d'inverser la tendance. Ainsi, les difficultés d'application des dispositions réglementaires et juridiques font peser un risque plus élevé à l'investissement dans les entreprises féminines. De plus, les préjugés culturels relatifs à la capacité managériale des femmes combinées aux difficultés d'accès au financement et à l'information économique continuent d'entraver la propension des femmes à entreprendre au Bénin. D'où la nécessité d'un réajustement des politiques de promotion de l'entrepreneuriat féminin au Bénin.

Par ailleurs, l'entrepreneuriat féminin apparaît comme un facteur de résistance à la scolarisation des enfants utilisés comme main-d'œuvre notamment dans les secteurs de l'artisanat, du commerce. Particulièrement concernées, les filles sont souvent intégrées dès leur bas âge dans le système traditionnel d'apprentissage de l'entrepreneuriat en vue d'une préparation de la relève de leurs mères.

CONCLUSION GÉNÉRALE

Cette recherche s'est intéressée à l'analyse de l'entrepreneuriat féminin au Bénin. Les résultats obtenus confirment et renforcent les hypothèses de départ émises sur la participation active des femmes à la vie économique du pays. L'analyse des contextes économiques et sociopolitiques qui ont prévalu à diverses périodes de l'histoire du Bénin a montré que les femmes sont omniprésentes dans toutes les sphères de l'économie béninoise, avec un positionnement plus accru dans les secteurs du commerce (56 %) et de l'artisanat (41 %). Plusieurs politiques publiques ont été mises en œuvre depuis les années 1990 dans le but de promouvoir l'entrepreneuriat féminin. Il apparaît à travers les résultats de cette recherche que ces politiques publiques peinent véritablement à booster l'entrepreneuriat féminin dans la perspective d'une autonomisation durable du fait de l'existence de plusieurs facteurs de résistances. La typologie des secteurs d'intervention de l'entrepreneuriat féminin révèle que les femmes sont beaucoup plus présentes dans le secteur informel (97,9 %). En effet, 97,76 % des femmes béninoises entreprennent individuellement, ce qui traduit d'une part le manque de confiance et la faiblesse des institutions d'autre part. Elles sont plus souvent propriétaires et gestionnaires de leurs entreprises qui sont des unités économiques de petite taille, avec un faible capital social et un chiffre d'affaires relativement faible, mais dépendantes du secteur d'intervention et de la taille de l'unité économique.

Généralement, l'apprentissage traditionnel constitue le mode de transmission du savoir-faire entrepreneurial des femmes au Bénin. La majeure partie des femmes sont ainsi devenues aujourd'hui chefs d'entreprise après avoir appris en pratiquant auprès de leurs mères, de leurs tantes ou d'une tutrice. La durée de l'apprentissage à l'entrepreneuriat féminin dépend souvent non seulement de l'âge de la femme mais aussi de la disponibilité des ressources nécessaires au démarrage de son activité au terme de sa formation.

Plusieurs facteurs déterminent la propension des femmes à entreprendre. L'analyse de ces facteurs suivant le modèle économétrique de Heckman a permis de constater que l'entrepreneuriat féminin est particulièrement influencé par plusieurs variables d'ordre social et économique. Sur le plan social, certaines variables influent sur les entreprises féminines. Au nombre de celles-ci : *la zone de résidence* (plus d'entreprises en milieu urbain qu'en milieu rural), *la situation matrimoniale* (le statut de femme mariée réduit la disponibilité des femmes à entreprendre), *l'âge* (les femmes entrent en entreprises plus tard, mais elles y restent plus longtemps), *le nombre d'enfants dans le ménage* (lorsque la femme a plus de trois enfants à bas âge, sa capacité d'entreprendre est réduite), *la formalisation de l'entreprise* (les femmes évoluent plus dans des entreprises informelles que dans des entreprises formelles), *le niveau d'instruction* (plus la femme est instruite, mieux elle est apte à créer et gérer une entreprise). Ces résultats révèlent aussi que malgré leur poids dans l'économie béninoise, les femmes chefs d'entreprise restent toujours influencées par la construction sociale des relations entre les femmes et les hommes. Leurs secteurs d'interventions continuent d'être arrimés aux rôles sociaux dans la sphère domestique, avec toutefois un débordement sur la sphère privée (commerce, artisanat). Les parcours de certaines de ces femmes dans le secteur du commerce montrent qu'elles sont capables de saisir des opportunités pour s'ouvrir sur la région ouest-africaine et s'insérer de manière durable dans le commerce international. Ce constat n'a pas été fait dans le secteur artisanal qui reste plutôt local.

Sur le plan économique, l'entrepreneuriat féminin dépend pour une large part de la *situation de richesse du couple* (44,81 % des femmes provenant d'un foyer riche sont entrepreneures alors que cette proportion est de 35,57 % chez celles issues d'un ménage pauvre), du *revenu mensuel du conjoint* (plus grand est le revenu du conjoint plus la femme à tendance à entreprendre), de *l'emploi* (le sous-emploi global augmente la probabilité d'entreprendre) et de *l'accès au microcrédit* (97 % des femmes chefs d'entreprise ont des difficultés d'accès aux microcrédits). Cependant, malgré leur dynamisme, les femmes sont confrontées à diverses difficultés : persistance des représentations sociales qui réduisent la femme au ménage, accès limité au crédit de financement des activités, tracasseries de tout genre (harcèlement, perte de temps, saisie de marchandises surtout au niveau des frontières et des axes routiers, etc.).

Par ailleurs, le modèle d'analyse des impacts des activités des femmes entrepreneures montre que l'entrepreneuriat féminin contribue à la réduction de la pauvreté de 5,6 % ; ce, en comparaison à son groupe témoin (femmes non entrepreneures), toutes choses étant égales par ailleurs. Autrement dit, au Bénin, lorsque la probabilité qu'une femme entreprenne augmente, le niveau de pauvreté vécu baisse. Ainsi, en l'absence de facteurs ou de chocs exogènes, subventionner l'entrepreneuriat des femmes et créer les conditions adéquates pour améliorer leur aptitude à la gestion d'une entreprise est une piste solide de réduction de la pauvreté. La capacité des femmes à entreprendre impulse donc le développement en contribuant à transformer sensiblement le bien-être social des populations béninoises.

Pourtant, il ressort de ces recherches que les femmes sont à la recherche permanente de compromis pour équilibrer les rapports de force entre elles et leurs conjoints avec et les autres membres de la société. Elles restent toujours des épouses, des mères, des filles et leurs capacités financières ne changent pas pour autant leurs statuts et les représentations sur lesquelles fonctionne la société béninoise. Toutefois, la réussite des entreprises d'envergure contribue quelque peu à changer les rapports de pouvoir dans la sphère familiale. En effet, lorsque le statut économique de la femme s'améliore, elle acquiert de la notoriété et est mieux considérée par le conjoint, les membres de sa famille et par la communauté. La réussite économique apparait aussi comme un facteur de stabilité conjugale et de promotion sociale tant que les femmes restent dans la sphère domestique. Elles sont butées à des obstacles lorsqu'elles font incursion dans les instances de décisions au plan national. « Les démons de la construction des relations » entre les femmes et les hommes et la représentation de la femme comme celle qui doit s'occuper de ses « marmites et des enfants » prennent le dessus sur leurs réelles capacités à contribuer valablement à la gestion des affaires politiques.

Ces résultats renforcent la nécessité d'œuvrer pour accroître l'autonomisation économique de la femme comme un levier de réduction de la pauvreté d'existence des ménages, d'accès plus facile aux ressources et outils économiques, notamment à l'emploi, aux services financiers, aux biens fonciers et autres moyens de production, à la formation et à l'information sur les marchés. Plusieurs organisations du système des Nations Unies en font un credo depuis le début des années 2000. Les différents gouvernements qui se sont succédé depuis une décennie au Bénin ont consenti des ressources pour promouvoir le secteur privé.

Depuis lors, des réformes s'opèrent fondamentalement dans le sens de l'amélioration de l'environnement des affaires et de l'incitation à l'entrepreneuriat. Le Bénin a ainsi mis en œuvre, surtout au cours des dix dernières années (2006-2016), de nombreuses politiques visant à accroître l'autonomisation des femmes à travers l'entrepreneuriat féminin. La mise en place de l'Institut National de Promotion de la Femme, des Women Business Promotion Center (WBPC), de la Fédération des Femmes Entrepreneures et Femmes d'Affaires du Bénin (FEFA-Bénin), ou l'adoption de la Politique nationale de promotion de la femme et de la Loi n° 2002-07 du 24 août 2004 portant Code des personnes et de la famille en République du Bénin s'inscrit dans cette dynamique. L'analyse de ces mesures politiques et sociales en faveur de l'entrepreneuriat féminin et des résultats obtenus nous amène à questionner la pertinence des choix stratégiques opérés et leur adéquation pour réellement promouvoir les activités économiques des femmes. Ces dernières continuent d'être confrontées à des difficultés d'accès au financement ou au microcrédit, à l'inaccessibilité à l'information économique et à des difficultés d'ordre réglementaire et législatif. Il se pose dès lors un problème de renforcement des capacités des femmes à la gestion et à l'innovation pour faire face aux évolutions du marché, que ce soit dans le commerce ou dans l'artisanat. Assurer l'autonomisation économique de la femme de manière durable afin de renforcer les mutations sociales en cours nécessite des mesures hardies en faveur de l'éducation des femmes et des filles, l'accès adéquat aux facteurs de production (crédit, terre.), la valorisation des savoirs et savoir-faire, et un lobbying auprès de toutes les catégories sociales, pour une participation accrue des femmes aux instances de décisions à tous les niveaux.

BIBLIOGRAPHIE

Abihona S. et Ogouwalé E. (2017). « Modèle d'intégration des modules d'entrepreneuriat dans l'enseignement supérieur au Bénin. » Service des volontaires de l'UAC (SVUAC), Abomey-Calavi.

Ahl H. (2006). "Why Research on Women Entrepreneurs Needs new Directions". *Entrepreneurship Theory and Practice*, vol. 30, n° 5, p. 595-621.

Ajzen I. (1985). *From intentions to actions: A theory of planned behavior*. In J. Kuhl.

Ajzen I. (1991). "The theory of planned behavior". *Organizational Behavior and Human*.

Ajzen I. and Fishbein M. (1975). *Belief, Attitude, Intention, and Behavior: An Introduction to Theory and Research.* Reading, MA: Addison-Wesley.

Ajzen I. (1987). Attitudes, traits, and actions: Dispositional prediction of behavior.

Angrist J. D. & Krueger A. B. (1991). "Does compulsory school attendance affect schooling and Earnings?" *Quarterly journal of Economics*, Volume 106, Issue 4.

Anker R. *et al*. (1987). *Female Labor force participation and economic development in West Papua.*

Anker R. *et al*. (1988). *Genre et développement agricole : Surveying le terrain.*

Anker R. (1989). *La recherche du programme mondial de l'emploi : priorité, future et sélective…*

Anker R. (1998). "Gender and Jobs, Sex segregation of occupations in World", *Revue internationale du travail*, numéro 136, Volume 3.

Arrow (1974). *Les limites de l'organisation*, Norton.
Banque africaine de développement (BAD) (2015). Rapport annuel.

Banegas R. (1995). Action collective et transition politique en Afrique. La conférence nationale du Bénin. Cultures & Conflits [en ligne], mis en ligne le 4 mars 2005, consulté le 31 août 2018. URL : http://journals.openedition.org/conflits/320 ; DOI : 10.4000/conflits.320

Banque africaine de développement [BAD] (2015). Plan d'action. Autonomiser les femmes africaines. Indice de l'égalité du genre en Afrique 2015. Consulté le 7 juin 2016, http://www.afdb.org/fileadmin/uploads/afdb/Documents/Publications/African_Gender_Equality_Index_2015-FR. pdf

Baumol W. J. (1990). *Entrepreneurship : Productive, Unproductive, and Destructive.*

Beck-Domzalska M. (2007). « Moins de disparités hommes/femmes en termes de niveau d'éducation », *Statistiques en bref*, n° 130.

Béguy D. (2009). The Impact Employment on fertility in Dakar (Senegal) and Lome-Togo.

Bernard C., Le Moign C. et Nicolaï, J.-P. (2013). L'entrepreneuriat féminin. Document de travail du centre d'analyse stratégique. Consulté le 6 mai 2016, Decision Processes, University of Massachusets, p. 179-211.

Birley C. I. and al, (1995). "International perspectives on Entrepreneurship research", New York, Elsevier Science, p. 340-363.

Blanchard S., Le Feuvre N. et Metso M. (2009). « Les femmes cadres et dirigeantes d'entreprise en Europe. De la sous-représentation aux politiques de promotion de l'égalité dans la prise de décision économique ». *Informations sociales*, n° 151, p. 72-81.

Boissin J.-P., Chollet B. et Emin S. (2008). « Les croyances des étudiants envers la création d'entreprise », « Un état des lieux », *Revue française de gestion*, n° 180, p. 25-43.

Bolanlé A. (1975). "The economic role of women in a traditional african society: the Yoruba example", Civilisation de la femme dans la tradition africaine, Colloque d'Abidjan, Présence Africaine.

Boserup E. (1970). *La femme face au développement économique*, Paris, PUF Sociologie d'aujourd'hui, 2e édition.

Boserup E. (1983). *La femme face au développement économique*, Paris, PUF, coll.

Bratton M. and Robert M. (2003). "Learning about Democracy in Africa: Awareness, Performance, and Experience."

Calás M. B., Smircich L. et Bourne K. A. (2009). Extending the Boundaries: Reframing "Entrepreneurship as Social Change" through Feminist Perspectives. *Academy of Management Review*, vol. 34, n° 3, p. 552-569.

Carlos J., Adoun W. H. et Ekpangbo A. E. (2009). Hommes/femmes. L'espérance au bout de la complémentarité. Cotonou, Coopération Suisse.

Carrier C., Julien P-A., Menvielle W. (2006). « Un regard critique sur l'entrepreneuriat féminin : une synthèse des études des 25 dernières années ». *Gestion*, vol. 31, p. 36-50. Consulté le 20 août 2018, DOI 10.3917/riges.312.0036, https://www.cairn.info/revue-gestion-2006-2-page-36.htm

Chell E., Baines S. (2000). "Networking, entrepreneurship and microbusiness behaviour". Entrepreneurship and Regional Development, n° 12, p. 195-215.

Cocagne R. et Stokkink D. (2018). L'entrepreneuriat féminin dans le sud de la Méditerranée un enjeu de progrès solidaire. Notes d'analyse RSE & Diversité, http://www.pourlasolidarite.eu/sites/default/files/publications/files/na-2018-entrepreneuriat-feminin.pdf

Coleman S. (2000). “Access to capital and terms of credit: A comparison of men-and women-owned small businesses”. *Journal of Small Business Management*, vol. 38, n° 3, p. 37-52.

Conférence des Nations Unies sur le commerce et le développement [CNUCED] (2015). *Promouvoir l'entrepreneuriat au service du développement*. Consulté le 7 juin 2016, http://unctad.org/meetings/fr/Sessional Documents/ciid29_fr.pdf.

Constantinidis C. (2014). « Femmes entrepreneures ». *In* Chauvin P-M. *et al.*, *Dictionnaire sociologique de l'entrepreneuriat*, Presses de Sciences Po (P.F.N.S.P.) « Références », p. 287-300. Consulté le 20 août 2018, https://www.cairn.info/dictionnaire-sociologique-de-l-entrepreneuriat--9782724616408-page-287.htm

Constantinidis C., El Abboubi M., Salman N. et Cornet A. (2017). « L'entrepreneuriat féminin dans une société en transitions : analyse de trois profils de femmes entrepreneures au Maroc ». *Revue internationale PME*, vol. 30, nos 3-4, p. 37-68. Consulté le 31 août 2018, https://www.erudit.org/fr/revues/ipme/2017-v30-n3-4-ipme03334/1042660ar/

Coquery-Vidrovitch C. (1994). *Les Africaines. Histoire des femmes d'Afrique noire du XIXe au XXe siècle*. Paris, Éditions Desjonquères.

Cordonnier R. (1987). *Femmes africaines et commerce : Les revendeuses de tissu de la ville de Lomé (Togo).* L'Harmattan, Paris, 190 p.

Cordonnier R. (1992). « Recherches sur le secteur informel », *L'année sociologique*, « La Sociologie du développement bilan et perspectives », n° 42, p. 227-252.

Cowen (2002). Creative Destruction: How Globalization is Changing the World's Cultures.

Davidsson P. (1995). "Culture, structure and regional levels of entrepreneurship", *Entrepreneurship and Regional Development*, vol. 7, n° 1, p. 41-62.

Djeudja Rovier (nd). « Le financement solidaire à l'épreuve de la crise financière exemple pratique en milieu immigré africain ». RECMA – *Revue Internationale de l'Économie Sociale*, n ° 324, p. 105-109. Consulté le 20 août.

Dubé J. S., Grandbois V., Gaulin F., Turcotte D. (2017). *Intégrer la culture entrepreneuriale à la formation.* Pile ou face.

Dulucq S. (1997). « Catherine COQUERY-VIDROVITCH, Les Africaines. Histoire des femmes d'Afrique noire du XIXe au XXe siècle, Paris, Desjonquères, 1994, 291 p. », Clio. Histoire, femmes et sociétés [en ligne]. Mis en ligne le 1er janvier 2005, consulté le 27 août 2016. URL : http://clio.revues.org/397

Edon et Kamionka (2007, 2010). « Modélisation dynamique de la participation au marché du travail des femmes en couple ». *Annales d'économie et de statistique*, N° 85.

Enquête modulaire intégrée sur les conditions de vie des ménages (EMICoV), (2011). Bénin, 2e Édition.

Favreau L. (2003). « Création de richesses en contexte de précarité : l'Expérience de l'Afrique de l'Ouest ». Cahiers de la chaire de recherche du Canada en développement des collectivités (CRDC). *Série Comparaisons internationales Nord-Sud et Sud-Sud* No. 3 ISBN : 2-89251-153-4 Université du Québec en Outaouais. (Consulté le 20 août 2018, http://w3.uqo.ca/crdc/00_fichiers/publications/cahiers/CI3.pdf) Fayolle A. (1999). L'enseignement de l'entrepreneuriat dans les universités françaises. Rapport, Direction de la technologie.

Fehr et Fischbacher (2002). Royal Economic Society.

Fehr et Gächter (2000). "Fairness and Retaliation: The Economics of Reciprocity". *Journal of Economic Perspectives*, p. 159-181.

Fehr, Klein et Schmidt (2007). *Econometrica: Journal of the econometric society.*

Folbre N. (2001). *The invisble Heart: Economics and Family values.*

Fortin P-A. (2004). La culture entrepreneuriale : un antidote à la pauvreté. République islamique de Mauritanie. Consulté le 20 août 2018, https://www.thomas-legrain-conseil.com/blog/wp-content/documents/entrepreneuriat/culture-entrepreneuriale-antidote-pauvrete.pdf

Freytag A. et Thurik R. (2010). *Entrepreneurship and Culture*, Heidelberg: Springer.

Frölich M. (2007). "Regression discontinuity design with covariates", University of St. Gallen Department of Economics working paper.

Frondeville L. A. (1998). « Espaces d'échanges, territoires d'État en Afrique de l'Ouest », Échanges transfrontaliers et intégration régionale en Afrique subsaharienne, *Autre part Cahier des Sciences humaines*, Nouvelle série n° 6, p. 27-37.

Giardinelli A. (2018). Quel(s) écosystème(s) d'affaires pour un entrepreneuriat innovant et durable au Maroc ? Appel à contribution, Calenda, Publié le mercredi 30 mai 2018, Consulté le 20 août 2018, https://calenda.org/442668

Heckman J. (1979). "Sample Selection Bias as a Specification Error", *Econometrica*, Vol. 47, n° 1.

Heckman J. (2008). "Schools, Skills, And Synapses", Economic Inquiry, Western Economic Association Internationat.

Hien K. F. (2002). L'entrepreneuriat féminin au Burkina Faso : une étude exploratoire (*CDS Research Report*).

Hopkins A. G. (1973). An economic history of West Africa, Londres, x-337 pages.

Kabeer (2002). *Reversed Realities, Gender Hierarchies in Development Thought*, Londres, Verso.

Kirkwood J. (2003). The role of family: "Comparing women and men entrepreneurs", 48th conference of the International Council for Small Business, Dublin, Ireland.

Kirzner I. (1973). *Competition and entrepreneurship.* Chicago, The University of Chicago Press.

Lambert A. (1993). « Les commerçantes maliennes du chemin de fer Dakar-Bamako », in *Grands Commerçants d'Afrique de l'Ouest*, Karthala/ORSTOM.

Lebègue T. (2015). « L'accompagnement institutionnel des femmes entrepreneures. Quel modèle d'accompagnement pour les femmes créatrices de très petites entreprises ? » *Revue de l'Entrepreneuriat*, vol. 14, p. 109-138. Consulté le 20 août 2018, DOI 10.3917/entre.142.0109, https://www.cairn.info/revue-de-l-entrepreneuriat-2015-2-page-109.htm

Lecarme M. (1992). « Territoires du féminin, Territoires du masculin : des frontières bien gardées ? », *in* Bissilliat (J.), *Relations de genre et développement*, ORSTOM, Paris, p. 295-326.

Lévi-Strauss, C. (1955). *Tristes tropiques*, Plon, Terre humaine (civilisation et sociétés), Paris, 486 p.

Légaré M.-H. et St-Cyr L. (2000). Portrait statistique des femmes entrepreneures, rapport présenté au ministère de l'Industrie et du Commerce, Québec.

Léger-Jarniou C. (2008). « Développer la culture entrepreneuriale chez les jeunes ». *Théorie(s) et pratique(s)*, vol. 5, n° 185, p. 161-174. Consulté le 31 août 2018, https://www.cairn.info/revue-francaise-de-gestion-2008-5-page-161.htm

Liedholm et Chuta (1976). *The Economic Commission for Africa.*

Mabawonku (1979). "Determination and Impact of Rural Urban Migration: A Case Study of Selected Communities", in Western Nigerian small-scale industries.

Maldonado C. (1987). *Petits producteurs urbains d'Afrique francophone*. Genève : Bureau international du travail.

Mathieu N. C. (1977). *Paternité biologique, maternité sociale*, Éd. A. Michel, Femmes sexisme et sociétés, Paris.

Ministère chargé de la Microfinance et de l'Emploi des jeunes et des femmes (2011). « Étude sur l'emploi des femmes au Bénin ». Rapport final. Cotonou, MCA.

Moghadam V. M. et Senftova L. (2005). « Mesurer l'autonomisation des femmes : participation et droits dans les domaines civil, politique, social, économique et culturel. » *Revue internationale des sciences sociales*, n° 184, p. 423-449. Consulté le 20 août 2018, DOI : 10.3917/riss.184.0423, URL : www.cairn.info/revue-internationale-des-sciences-sociales-2005-2-page-423.htm.

Montgomery M., Johnson T. & Faisal, S. (2005). "What kind of capital do you need to start a business: financial or human?", *The Quarterly Review of Economics and Finance*, 45, p. 103-122.

Muchnik (1990). « Emploi pour les femmes et artisanat alimentaire urbain au Bénin », BIT, Genève.

Nunn et Wantchékon (2008). "The Slave Trade and the Origins of Mistrust in Africa" *American Economic Review, 101*, p. 3221-3252.

OCDE (2009). Plan d'action visant à favoriser l'entrepreneuriat et l'emploi des femmes dans la région MENA. Consulté le 7 juin 2016, https://www.oecd.org/mena/ competitiveness/ 44504430.pdf.

OCDE et LEED (2012). Étude de l'OCDE sur les qualifications et les compétences en entrepreneuriat. Promouvoir l'entrepreneuriat dans les universités tunisiennes. Consulté le 20 août 2018, http://www.oecd.org/fr/cfe/leed/Tunisia%20Entrepreneurship%20Skills%20Report_FINAL_FR.pdf

Onibon Doubogan Y. et Adégbola I.P. (2017). « Dynamique participative des femmes au fonctionnement des exploitations familiales paysannes dans les départements de l'Alibori et du Borgou au Bénin ». *Revue Sociétés & Économies*, n° 12, p. 67-88.

Onibon Y. (1995). « Femmes commerçantes au Bénin : de l'étalage à la conquête du marché international ». Mémoire de DEA, Politiques et pratiques comparées du développement, IEDES, Paris I, Sorbonne, France.

Onibon Y. (2001). « Femmes d'affaires au Bénin : stratégies d'organisation, impacts économique, social et politique ». Thèse de doctorat unique, Université Jean Monet de Sceaux, Paris XI.

Organisation de coopération et de développement économiques [OCDE] (2004). Entrepreneuriat féminin : questions et actions à mener. 2e Conférence de l'OCDE des ministres en charge des petites et moyennes entreprises (PME). Istanbul, OCDE.

Organisation internationale du travail (OIT) (1998).

Organisations des Nations Unies (2009). Doha Declaration on Financing for Development (Déclaration de Doha sur le financement du développement) (New York, publication des Nations Unies, 09-20901). Consulté le 20 août 2018, http://www.un.org/esa/ffd/doha/documents/Doha_Declaration_FFD.pdf

Ouédraogo A. (1999). « Les déterminants de la création de PME dans un pays d'Afrique subsaharienne : une analyse quadridimensionnelle du phénomène entrepreneurial au Burkina Faso », Thèse de doctorat nouveau régime en sciences de gestion, Université de Caen, France.

Ould-Ahmed P., el Housni K., Moisseron J-Y (nd). « Les tontines au Maroc : logiques sociales, logiques économiques, logiques solidaires ». (Consulté le 20 août 2018)
https://forumess2017.sciencesconf.org/data/pages/MOISSERON_TR2.pdf

Pearl (2000). "Echtzeit betriebssysteme und linus workshop Über realzeit système fachtagung der GI".
Pellissier C. (1996). *Histoire, femmes et sociétés*, URL : http://clio.revues.org/450

Pitshandenge (1982). « De la nuptialité et fécondité des polygames : cas des Yaka de popokahaka », Musée royal de l'Afrique centrale, Tervuren.

Potter J. (2008). Entrepreneurship and higher education, OECD Edition. Vol. 20, p. 1-63.

Raffinot M. et Samuel B. (2006). « Les cadres de dépenses à moyen terme : un instrument utile pour les pays à faible revenu ? » *Statéco*, n° 100, p. 105-120.

Rathgeber E. (1989). *Technology, gender, and power in Africa*. Centre de recherches pour le développement international, Ottawa (Ontario, Canada).

Recensement général des entreprises (RGE) (2010). Archives des enquêtes statistiques du Bénin, Deuxième édition.

Richer F., St-Cyr L. et Beaudoin N. (2007). *L'entrepreneuriat féminin au Québec. Dix études de cas.* Montréal, Les presses de l'Université de Montréal.

Robertson (1990). *Sharing the same bowl: a socio-economic history of women and class in Accra, Ghana.* The University of Michigan Press, 298 p.

Rogers C. (1980). *A way of Being*, ed. Houghton Mifflin, New York.

Rosenbaum P. R. & Rubin D. B. (1983). "The Central Role of the Propensity Score in Observational Studies for Causal Effects". *Biometrika, 70*(1), p 41-55.

Rwenge Mburano J-R, Njeri K. et Maina L. (2013). *Facteurs explicatifs de l'entrepreneuriat féminin en Afrique Subsaharienne : Cameroun et Kenya.* Rapport de Recherche du FR-CIEA N° 66/13.

Saleille S. (2007). « Le "réseautage" chez les entrepreneurs néoruraux ». *Revue de l'Entrepreneuriat*, Vol. 6, p. 73-91. DOI 10.3917/entre.061.0073

Sarr F. (1998). *L'entrepreneuriat féminin au Sénégal : la transformation des rapports de pouvoirs*, L'Harmattan, Paris, 301 p.

Skard T. (2004). *Afrique des femmes. Afrique d'espoirs.* Paris, L'Harmattan.

Tasso B. F. et Ouassa Kouaro M. (2017). « Gouvernance locale à l'épreuve de la faible représentativité des femmes dans les instances de prise de décision au Bénin ».

Communication présentée lors des journées portes ouvertes de la Faculté des Sciences humaines et sociales de l'Université d'Abomey-Calavi.

Thurik R. et Dejardin M. (2012). « L'impact de la culture sur l'esprit d'entreprendre ». *Reflets et perspectives de la vie économique*, Tome 2, p. 75-81. Consulté le 20 août 2018, https://www.cairn.info/revue-reflets-et-perspectives-de-la-vie-economique-2012-2-page-75.htm

Timmons J. (1994). New Venture Creation: Entrepreneurship for the 21st Century. Irwin, 4th ed.

Vittin T. (1991). « Bénin, du système Kérékou au renouveau démocratique ». *In* Medard J. F. *États d'Afrique noire*, Paris, Karthala.

Young I. M. (1990). *Justice and the politics of difference*, Princeton University Press, Princeton.

Yueh W. (2009). *International Development: Ideas, Experience, and Prospects*. Oxford University Press.

ANNEXES

Annexe 1

Répartition de la base d'étude (des entrepreneurs recensés)

Département	Effectif	%	Milieu de résidence		Sexe du chef d'unité	
			rbain	Rural	Homme	Femme
Alibori	4 163	3,1	2,8	4,0	4,3	1,5
Atacora	4 013	3,0	3,0	2,7	3,1	2,8
Atlantique	**15 568**	11,5	8,2	22,3	11,7	11,1
Borgou	11 075	8,1	7,6	9,9	9,1	7,0
Collines	5 954	4,4	3,2	8,3	4,7	4,0
Couffo	4 227	3,1	0,8	10,8	4,0	2,1
Donga	4 021	3,0	2,3	5,1	3,1	2,8
Littoral	4 984	36,7	47,6	0,0	33,0	41,1
Mono	401	3,0	2,2	5,3	3,4	2,4
Ouémé	18 001	13,2	11,5	19,2	12,2	14,5
Plateau	5 074	3,7	3,1	5,9	4,1	3,3
Zou	10 039	7,4	7,7	6,5	7,2	7,5
Total	**135 985**	**100,0**	**100,0**	**100,0**	**100,0**	**100,0**

Source : Réalisé à partir des données du RGE (2010)

Annexe 2

Tranche d'âge du chef d'entreprise par sexe

Tranche d'âge	**Effectif homme en %**	**Effectif femme en %**	**Total**
15-24 ans	7 263	4 886	12 149
	9,7 %	**8,0 %**	**8,85 %**
25-34 ans	32 975	22 904	55 879
	44,1 %	**37,6 %**	**40,85 %**
35-44 ans	23 274	19 109	42 383
	31,2 %	**31,4 %**	**31,3 %**
45-54 ans	8 236	9 918	18 154
	11,0 %	**16,3 %**	**13,65 %**
55-64 ans	2 973	4 034	7 007
	4,0 %	6,6 %	5,3 %
Total	74 721	60 851	135 572
	55,0 %	**44,8 %**	**99,95 %**
Âge moyen	**34,6**	**36,6**	-

<u>Annexe 3</u> : Niveau d'instruction des femmes entrepreneures par tranche d'âge (% de chefs d'entreprises)

Niveau d'instruction	**Tranche d'âge**					**TOTAL**
	15-24	**24-35**	**35-44**	**44-55**	**55-64**	
Sans instruction	29, 8	38, 4	25,3	4,9	1,6	100,0
Primaire	33,0	38, 7	21,1	5,2	2,1	100,0
Premier cycle du secondaire	37,9	32, 5	21,2	6,0	2,5	100,0
Second cycle du secondaire	47,7	27, 2	14,2	7,7	3,2	100,0
Supérieur	58,1	25, 1	9,9	3,9	3,0	100,0

Source : Traité sur la base des données du RGE 2010

Annexe 4 : Niveau d'instruction des femmes entrepreneures par zone de résidence (%des chefs d'entreprises)

Niveau le plus élevé d'instruction	Zones de résidence		
	Urbaine	Rurale	Total
Sans instruction	34, 3	53, 5	100,0
Primaire	34, 5	31, 9	100,0
Premier cycle du secondaire	21, 7	11, 8	100,0
Second cycle du secondaire	6, 7	2, 1	100,0
Supérieur	2, 9	0, 7	100,0

Source : Traité sur la base des données RGE 2010

<u>Annexe 5</u> : Répartition des femmes entrepreneures (en %) selon le niveau d'instruction et par département

Département	Niveau d'étude le plus élevé				
	Sans instruction	**Primaire**	**1er cycle du secondaire**	**2e cycle du secondaire**	**Supérieur**
Alibori	47	29,8	18,2	3,6	1,4
Atacora	43,1	36	17,5	2,6	0,8
Atlantique	33,6	37,1	21,3	5,3	2,7
Borgou	40,5	33,1	20,8	3,9	1,7
Collines	46,5	37,5	13,5	1,8	0,7
Couffo	60,6	26,7	9,9	2	0,8
Donga	56,5	27,5	13	1,9	1,1
Littoral	32	32,6	23	8,6	3,8
Mono	28,8	39,3	25	5,3	1,6
Ouémé	42,3	35,4	16	4,7	1,5
Plateau	53	32,7	11,7	2,3	0,3
Zou	46	35,8	15,1	2,5	0,7
Ensemble	**38,3**	**33,9**	**19,6**	**5,7**	**2,4**

Source : Traité à partir du RGE 2010

<u>Annexe 6</u> : Paramètres du modèle

Lambda				1.116***
				(0.329)
log likelihood	- 1801,27629	- 1804,09033	- 2906,9241	
Observations	3,169	3,169	3,169	3,169
log likelihood		-2906,9241	-1804,09033	
LM Ratio		2205,66754		
chi(3); 5 % 7,83				

<u>Annexe 7</u> : Structures de promotion de l'emploi et de l'entrepreneuriat au Bénin

Organisme	Domaine d'action	Cadre légal	Mission
Fonds National de la Micro-finance (FNM)	Promotion de la microfinance, spécifiquement la promotion de l'entrepreneu-riat féminin par le biais du MCPP.	Créé par décret n° 006-301 du 27 juin 2006, il est doté de la personnalité morale et de l'autonomie financière.	Renforcer les capacités financières et opérationnelles des Institutions de microfinance afin de rendre accessible aux populations, les services financiers nécessaires au développement d'activités porteuses de croissance.
Agence de Finance-ment des Initiatives de Base (AGeFIB)	Développe-ment à la base	Créée le 24 octobre 1997 sous la forme d'une association type loi 1901 reconnue d'utilité publique et approuvée par le gouvernement par décret n° 98-172 du 11 mai 1998.	Elle est chargée de mettre à la disposition des groupes cibles les financements pour exécuter leurs microréalisa-tions génératrices de revenus et leurs microprojets créateurs d'emploi dans le cadre de la mise en œuvre du Programme d'actions du gouvernement.
Agence	Emploi	Créée par	Contribuer à

Organisme	Domaine d'action	Cadre légal	Mission
Nationale de Promotion de l'Emploi (ANPE)		décret n° 2003-224 du 7 juillet 2003, elle est un établissement public à caractère social. Elle est dotée de la personnalité morale et jouit d'une autonomie financière. Elle est régie par les dispositions de la loi n° 94-009 du 28 juillet 1994 portant création, organisation des offices à caractère social, culturel et scientifique.	l'élaboration et à la mise en œuvre de la politique nationale de l'emploi.
Fonds National de Promotion de l'Entreprise et de l'Emploi des Jeunes (FNPEEJ)	Promotion de l'entreprise et l'emploi des jeunes	Créé par le décret N° 2007-625 du 31 décembre 2007 qui fixe ses attributions, organisations et modalités de fonctionnement. Il est un	En collaboration avec le Centre de Promotion et d'Encadrement des petites et moyennes entreprises (CePEPE), l'Agence nationale pour l'emploi

Organisme	Domaine d'action	Cadre légal	Mission
		Établissement public à caractère scientifique et social (EPSS), doté de la personnalité morale et de l'autonomie financière.	(ANPE), et le Fonds national de garantie (FONAGA), faciliter l'accès des Petites et moyennes entreprises (PME) et des jeunes, aux moyens et outils de production par le biais du crédit.

Source : Rapport de performance 2013 du ministère

Annexe 8 : Description de la FEFA Bénin

Cadre légal	Mise en place, en partenariat avec le PNUD et le ministère chargé de la Microfinance et inaugurée par l'administrateur du PNUD.
Statut	Structure faîtière regroupant plusieurs associations de femmes entrepreneures et femmes d'affaires.
Objectifs principaux	Promouvoir l'entrepreneuriat féminin à travers le renforcement des capacités des femmes et la création d'une plate-forme de dialogue et d'action.
Services offerts	– Atelier de formation des femmes et chefs d'entreprise organisé avec l'appui des PTF. – Organisation de séances de sensibilisation sur les techniques de financement des banques. – Sensibilisation des femmes sur la loi de finances 2015.
Cibles	Femmes entrepreneures, femmes d'affaires, etc.

Source : FEFA Bénin

Annexe 9 : Description de Women Business Promotion Center (WBPC)

Cadre légal	Projet subventionné par le PNUD depuis septembre 2012 est parrainé par la FEFA.
Statut	Centre polyvalent de ressources, d'assistance et d'accompagnement offrant tous services utiles aux porteurs de projets d'entreprise et aux entreprises en démarrage ou en développement. En tant que tel, il constitue un : – centre de ressources technique au profit du secteur privé ; – centre de promotion de l'entrepreneuriat ; cadre de diffusion des meilleures pratiques ; – lieu de réflexion et d'échanges ; – lieu de créativité et de développement des affaires ; – hub des interventions au profit de l'entrepreneuriat.
Mission	Accompagner les meilleures initiatives locales, de stimuler la création et l'émergence d'entreprises viables et prometteuses des jeunes et des femmes.
Objectifs principaux	Offrir des services d'assistance en gestion et divers appuis techniques pour la création et le développement des activités des femmes entrepreneures.
Services offerts	Six (6) principaux groupes de services sont offerts : – Développement personnel de l'entrepreneur ; – Étude de faisabilité ; – Diagnostic et business plan ; – Orientation et marketing ; – Gestion opérationnelle et comptable ;

	– Langues et Technologies de l'information et de la communication (TIC).
Cibles	Jeunes et femmes porteurs de projets, petites et moyennes entreprises des secteurs formel et informel.

Source : Women Business Promotion Center

<u>Annexe 10</u> : Description sommaire des programmes par structure

Structure	Programme	Bénéficiaires	Description
FNM	MCPP	Femmes entrepreneures de différents domaines d'activités et autres	Le FNM est devenu très actif avec le lancement en 2007, du programme de microcrédit aux plus pauvres (MCPP). Le programme de microcrédit aux plus pauvres (MCPP) a suscité une forte approbation auprès des Institutions de microfinance (IMF) et de la population bénéficiaire qui y ont fortement adhéré. Ceci a conduit le gouvernement à élever sa dotation initiale de 6 milliards FCFA (2007) à 10 milliards FCFA (2007) puis à 20 milliards FCFA (2008) et à 25 milliards (2009). Au 30 juin 2012, le montant réellement décaissé est de 15,8 milliards FCFA[14].
	FAAR	Femmes entrepreneures du secteur agricole et	Le FAAR, un produit dédié au financement agricole, a permis de financer 821 producteurs agricoles en 2013 pour un

[14] Rapport final mission d'évaluation globale du programme MCPP, 2011.

Structure	Programme	Bénéficiaires	Description
		autres	financement total de 1 395 000 000 F CFA contre 1 000 000 000 F CFA en 2012, soit un fort taux d'accroissement de 39,5 %[15].
ANPE	PAES	Jeunes femmes et hommes primo demandeurs d'emploi Structures, entreprises et organismes du secteur privé comme structure d'accueil des primo demandeurs d'emploi.	L'objectif du PAES est de faciliter la pré-insertion et l'insertion des jeunes et femmes primo demandeurs d'emploi salarié dans l'administration publique, les entreprises et structures privées. Il y a deux composantes : – Le Contrat première expérience professionnelle (CPEP) d'une durée de 6 mois renouvelable une fois permet de faire acquérir la première expérience professionnelle aux primo demandeurs d'emploi qualifié (stagiaires) ; – Le Contrat d'appui aux entreprises (CAE) qui consiste en un engagement mutuel sur une période de 1 mois au cours de laquelle l'ANPE apporte une assistance financière pour la prise en

[15] Rapport de performance 2013, MCMEJEF.

Structure	Programme	Bénéficiaires	Description
			charge du stagiaire placé dans une structure d'accueil retenue dans le cadre du programme.
	PAEI	Jeunes et femmes porteurs ou non d'une idée de projet de création d'entreprise ainsi que d'entrepreneurs en activité.	Le PAEI dont l'objectif global est de lutter contre le chômage et le sous-emploi, vise spécifiquement à : – développer la créativité et l'esprit entrepreneurial chez les jeunes et les femmes ; – contribuer à l'émergence de nouveaux entrepreneurs ; – accompagner les initiatives privées créatrices de richesses et génératrices d'emplois durables et décents. Les secteurs d'activité prioritaires retenus sont : – l'agriculture ; – l'élevage ; – la pêche ; – l'artisanat ; – la petite industrie de transformation, les services.
	RCDE	Demandeurs d'emploi confirmés et reconnus comme tels, munis	Le RCDE vise à augmenter les connaissances techniques des jeunes dans l'exécution de leurs activités professionnelles. Il est donc destiné aux

Structure	Programme	Bénéficiaires	Description
		ou non d'un diplôme général, technique ou professionnel.	demandeurs en quête de compétences ou d'efficacité. La durée de la formation ne peut excéder trois (3) mois.
	PaDE	Demandeurs d'emploi, entreprises locales pourvoyeuses d'emplois avec les communes comme structures d'accueil.	Le PaDE vise un double objectif : mettre en œuvre des actions décentralisées en faveur de la promotion de l'emploi et du développement économique local. Il consiste, entre autres, à mettre à la disposition des communes des stagiaires.
FNPE EJ	PJPME	Programme d'Appui aux Jeunes et au MPME (PJPME).	Contribuer à la promotion de l'autonomisation économique des femmes.
	CAEF	Jeunes femmes entrepreneures âgées de 18 à 40 ans.	Ce programme vise à booster l'entrepreneuriat des femmes en milieu rural et péri urbain et ouvrir le marché financier aux femmes.
MESF PR	PDAVV	Jeunes travaillant dans	C'est un programme destiné à la diversification agricole par la

Struc-ture	Pro-gramme	Bénéfi-ciaires	Description
		l'entrepre-neuriat agricole.	valorisation des vallées.
	PSR		Comme son nom l'indique, ce programme vise la réinsertion professionnelle des jeunes gens et jeunes filles.

Source : MCMEJF

Table des matières

Structures éditoriales du groupe L'Harmattan

L'Harmattan Italie
Via degli Artisti, 15
10124 Torino
harmattan.italia@gmail.com

L'Harmattan Hongrie
Kossuth l. u. 14-16.
1053 Budapest
harmattan@harmattan.hu

L'Harmattan Sénégal
10 VDN en face Mermoz
BP 45034 Dakar-Fann
senharmattan@gmail.com

L'Harmattan Cameroun
TSINGA/FECAFOOT
BP 11486 Yaoundé
inkoukam@gmail.com

L'Harmattan Burkina Faso
Achille Somé – tengnule@hotmail.fr

L'Harmattan Guinée
Almamya, rue KA 028 OKB Agency
BP 3470 Conakry
harmattanguinee@yahoo.fr

L'Harmattan RDC
185, avenue Nyangwe
Commune de Lingwala – Kinshasa
matangilamusadila@yahoo.fr

L'Harmattan Congo
67, boulevard Denis-Sassou-N'Guesso
BP 2874 Brazzaville
harmattan.congo@yahoo.fr

L'Harmattan Mali
Sirakoro-Meguetana V31
Bamako
syllaka@yahoo.fr

L'Harmattan Togo
Djidjole – Lomé
Maison Amela
face EPP BATOME
ddamela@aol.com

L'Harmattan Côte d'Ivoire
Résidence Karl – Cité des Arts
Abidjan-Cocody
03 BP 1588 Abidjan
espace_harmattan.ci@hotmail.fr

L'Harmattan Algérie
22, rue Moulay-Mohamed
31000 Oran
info2@harmattan-algerie.com

L'Harmattan Maroc
5, rue Ferrane-Kouicha, Talaâ-Elkbira
Chrableyine, Fès-Médine
30000 Fès
harmattan.maroc@gmail.com

Nos librairies en France

Librairie internationale
16, rue des Écoles – 75005 Paris
librairie.internationale@harmattan.fr
01 40 46 79 11
www.librairieharmattan.com

Librairie l'Espace Harmattan
21 bis, rue des Écoles – 75005 Paris
librairie.espace@harmattan.fr
01 43 29 49 42

Lib. sciences humaines & histoire
21, rue des Écoles – 75005 Paris
librairie.sh@harmattan.fr
01 46 34 13 71
www.librairieharmattansh.com

Lib. Méditerranée & Moyen-Orient
7, rue des Carmes – 75005 Paris
librairie.mediterranee@harmattan.fr
01 43 29 71 15

Librairie Le Lucernaire
53, rue Notre-Dame-des-Champs – 75006 Paris
librairie@lucernaire.fr
01 42 22 67 13

www.ingramcontent.com/pod-product-compliance
Lightning Source LLC
LaVergne TN
LVHW010930051026
849532LV00003B/923